地方議会のズレの構造

吉田利宏 著

三省堂

はじめに――不信の原因としての自治体議会のズレ

自治体議会に対する不信が募り続けています。この不信は、ある意味、国政以上に深刻です。テレビやネットで見るだけの政治家ならともかく、身近な私たちの代表が十分な役割を果たしていないことは、大げさにいえば、民主主義そのものへの不信にもつながりかねません。議会がなくなれば、コストも浮くし、自治体の意思決定もスピィーディに行えるはず――そう思う人がいるかもしれません。しかし、その先にあるのは、決して住民にとって暮らしやすい国や自治体ではないはずです。自治体議会をもっと私たち住民のものにしなければなりません。

平成12年4月に地方分権一括法が施行され、自治体をめぐる法的環境は大きく変わりました。首長を国の機関とみなして事務を押しつける機関委任事務が廃止されました。国と自治体が真に対等な関係になり、議会もこれまで以上に大きな権限を発揮できるようになりました。ところが、当初、こうした変化を自治体議会自身が拒んでいるように見えました。権限があるところには責任も生じます。今や議会は、権限とともに進んで責任も引き受けなければならないでしょう。

平成18年に栗山町議会基本条例が制定され、10年が過ぎました。８００に近い議会基本条例が制定されたことは、議会が、とまどいながらも責任を負う道を歩き始めたことを意味しています。

本書では、議会と住民との間にある「ズレ」を明らかにして、そのズレを修正する処方箋について考えていこうと思います。第1章は「市民感覚とのズレ」、第2章は「法律上の使命とのズレ」、第3章は「時代とのズレ」という視点でズレをとらえ、分析しています。第1章は、主に住民のみなさんに向けて、第2章と第3章は、主に議員や議会事務局職員に向けて書きました。

著者は、衆議院法制局職員として職業生活を始め、現在はアドバイザーとして、あるいは研修などを通じて自治体議会にかかわっています。いろいろな思いはありますが、議会と民主主義の力を誰よりも信じているひとりでもあります。議会と住民との間にあるズレがひとつでも改善し、住民に信頼される議会となることが、地域のためはもちろん、日本のためになるものと心から信じています。

平成28年5月

吉田　利宏

地方議会のズレの構造／目次

第3章　時代とのズレ

第1章

市民感覚とのズレ

1 〝もらいすぎ〟と言われない議員報酬の決め方

立候補を躊躇《ちゅうちょ》させる要因はいろいろあると思いますが、その中でも、子育て世代に対して、家族を養うことのできる収入の確保問題が決断を鈍らせているケースも少なくないと考えます。町政に専念しても、家族を養えないとすれば、立候補意欲はそがれてしまうのは当然です。

以上の事から、地方創生まちづくり特別委員会は、若い方々が立候補しやすい環境を整え、若い世代の政治参加を求める一環として、そして地方創生の推進を図るため、この度、50歳以下の議員に限り、議員報酬を月額30万円にするという本条例案を提案するものです。

――「地方創生の推進のための小値賀町議会議員の報酬及び費用弁償等に関する条例の特例を定める条例（案）」趣旨説明より

❖議員報酬をめぐる意識のズレ

平成26年3月11日、長崎県小値賀《おぢか》町で少し変わった条例が可決されました。50歳以下の者に限り、月額18万円の議員報酬を30万円に引き上げるというものでした。来るべき町議会議員選挙において若い立候補者を増やす狙いがありましたが、その4月の選挙では50歳以下の候補者は1人もいませんでした。

いうまでもなく、議員報酬とは議員の仕事に対する報酬のことですが、多くの議員にとっては生活を支える収入でもあります。ただ、一般に住民は議員報酬に対してとてもシビアに見ています。「議員の働きぶりからすると、もらいすぎではないか」といった声が必ず聞かれます。議員活動に打ち込めるだけの報酬と、住民が民主主義のコストとして払ってよいと考えるコスト――そのズレについて検討します。

❖議員報酬の実額

やっかみ半分の批判もあるようですので、まずは自治体議員がどのくらい議員報酬をもらっているのか、その実態を明らかにすることから始めましょう。総務省の資料によると、その額は、図1のようになっています。

一般的に自治体の規模が大きくなるにつれ、議員報酬も「立派」なものとなりますが、自治

図１　地方議員の議員報酬（月額）

都道府県議会議員		805,285 円
市議会議員（特別区議会議員）	政令都市	842,647 円
	特別区	609,883 円
	その他市	405,658 円
町村議会議員		210,622 円

平 20.4.1 現在。総務省：「地方議会の運営実態等に関する資料」を基に作成

〈参考〉

国会議員歳費（月額）	1,294,000 円

平 27.4.1 現在

体の規模が小さくなればなるほど、兼業を前提としないと生活がおぼつかない額となっている現状があります。

❖議員報酬を見る視点

では、自治体議員の報酬はいくらが適正なのでしょうか？これを考えるには、まず、議員報酬とはどんなものなのか、その性格から考えなければなりません。

国会議員には「歳費」が支払われますが、自治体議員に支払われるのは「議員報酬」です。歳費にも議員の仕事に対する報酬の意味はありますが、生活を保障する給与的な要素が中心です。これに対して議員報酬は、仕事の対価として支払われるものです。自治体の議員の役割も重くなったことから、全国都道府県議会議長会をはじめ三議長会は、国会議員のように「（地方）歳費」としたらどうかと提案しています。こうした提案を踏まえて、平成20年の地方自治法改正では、他の非常勤の職員への報酬の規定とは分離して、議員報酬に関

する規定を新設しました（地方自治法２０３条1項）。報酬は報酬でも「議員報酬」という特殊な報酬と位置づけたのです。ただ、現在も議員「報酬」なのですから、仕事の対価ということに変わりはありませんし、その肝腎な仕事が見えにくいという問題は変わらぬままです。

❖議員報酬の適正額

国会議員の歳費については、国会法35条に「議員は、一般職の国家公務員の最高の給与額（地域手当等の手当を除く。）より少なくない歳費を受ける」とあります。具体的には、歳費法（国会議員の歳費、旅費及び手当等に関する法律）１条で「各議院の議長は２１７万円を、副議長は１５８万４千円を、議員は１２９万４千円を、それぞれ歳費月額として受ける」と定められています。

ところが、自治体議員については、法律で額についての定めがありません。働き方も会期もそれぞれの自治体で様々なので、それぞれの条例で定めることとなっているのです。

事実、福島県の矢祭町のように、会議に出席した日などにつき、日当3万円を議員報酬として支払っている議会もあります。ただ、議員報酬は、普通は定額で自治体の規模が大きくなるにつれて多くなる傾向があります。規模が大きくなると、議員としての仕事が増えて役割が重くなるのが理由です。そんなところから、実際に議員報酬の額の基準として重要視されるのが「同規模の自治体との比較」です。ただ、「同じような規模の市もこのくらいの額だから…」というアバウトな説明は、住民を説得するものとはなりません。

❖議員報酬の定め方

先ほどお話ししたように、地方自治法（203条4項）は、議員報酬について条例で定めなければならないとしています。考えてみれば、議員報酬を改定する条例案は、ほかの多くの条例案と同じように、知事や市町村長側が提案し、議会が議決します。ただ、知事や市町村長側が自由に議員報酬額を決めているわけではなく、自治体に置かれた特別職報酬等審議会という附属機関で審議され、その意見を踏まえて議員報酬改定の条例案が提出されるのが普通です。この審議会の委員は学識経験者のほか、市民団体からの委員や市民の公募委員により構成されることが多く、「最低限、市民の意見は聴いている」という言い訳にも使われています。

議員報酬が仕事への対価であるとすれば、「どのような基準に基づき定めるのか」、また、「そうした基準を適用して具体的にいくらにするのか」といった問題を住民に明らかにしない限り、議会への不信は深まるばかりでしょう。ただ、特別職報酬等審議会は執行部側の機関であり、掘り下げた議論がなされることは、あまりありません。十分に議論されないまま、自治体財政の厳しさなどから減額されることも多くあります。その場合には、もともと額の基準がないところに「ディスカウント」がなされるわけですから、さらなる減額圧力が住民から働きます。議員の仕事のクオリティに不信がある現状では、いくら減額しても「もらいすぎではないか」という声が追いかけてきます。特に小規模自治体の報酬は地を這うようになり、議員のなり手が不足したり、わずかな額でも引き受けてくれる人しか立候補しないという状況を生みます。こうした議会は、幅広く住民の意見を反映する議会とはなりにくく、それがさらに住民の不信を呼ぶ「負の連鎖」に陥ることになるのです。冒頭で紹介した小値賀町議会の取組みは、こうした負の連鎖を断ち切ろうとするものなのでしょう。議員報酬が仕事の対価であれば、年齢により差をつけることの説明は難しいわけですが、その思いは痛いほどわかります。

❖ズレの解消を目指して

小規模議会を中心として、議会が役割を果たし続けていくための議員報酬額と、住民が支払ってよいと感じる額とのズレが生じています。ズレを解消する第一の方法は、議会自身が自らの活動を住民に説明することです。住民からすれば、議会の活動は見えにくいのです。議員の仕事は会議に出席することだけではありません。あらかじめ案件についての調査が必要でしょうし、議会運営のために骨を折ることもあります。広報や委員派遣など、議会の一員としての仕事もあります。請願の取次（紹介）も、議員にしかできません。こうしたもろもろの議員の仕事を積極的に説明していかない限り、住民は議員の仕事を評価することができません。

また、住民からしても、これまでイメージされていた名誉職的な議員ではなく、公務員としての議員を思い浮かべる必要があります。仕事の内容を理解したうえで「あなたが、この報酬で議員の仕事を引き受けるか」を考えてみてはどうでしょう。「やりたくてやっているんだろう」との声もあるかもしれませんが、誰かがやらなければならない仕事でもあることは事実です。

さらに、ズレを埋める方法として、議会が音頭をとって、住民が議員報酬の基準策定に携わる方法が考えられます。

この方法を実現しようとしたのが会津若松市議会です。議会に置かれた議会制度検討委員会で、まず、議員活動の範囲・定義について検討をしたうえで、議員報酬のあり方についての検討をしました。その検討を議会だより「あいづわかまつ広報議会」は次のように伝えています。

> 議員報酬の試算に当たり、議員活動日数の把握について検討した結果、公務性のある議員活動量を年間１４７８時間とし、それを1日8時間換算し１８５日という議員活動換算日数モデルを算定しました。その後、市民との意見交換会において、日数モデルの妥当性について指摘があったことから、議員の実態調査など精査、検証した結果、年間活動量を１３５４時間、１６９日としたところです。
>
> あいづわかまつ広報議会（平22・11・1）3・4頁

会津若松市議会は、市長の活動日数を３４５日と計算し、市長の給与月額に３４５分の１６９を掛けた額を議員報酬の最高額として、市民に提案しました。議員報酬の問題を避けていては、議会と住民の意識のズレは決して埋まることがありません。

2 〝のれんに腕押し〟と思わせない陳情と請願の扱い方

> 障害の有無にかかわらず、生活しやすい社会の実現を目指す「だれもが安心して暮らせる大分県条例をつくる会」のメンバーが11月29日、条例制定を求める請願署名を近藤和義県議会議長に提出した。（中略）メンバーは「県民みんなの問題として捉え、地域の思いを受け止めてぜひ条例制定を」と訴えた。
>
> ――大分合同新聞社　２０１３年12月３日

✣請願権と請願の扱いのズレ

憲法16条は「何人も、損害の救済、公務員の罷免《ひめん》、法律、命令又は規則の制定、廃止又は改正その他の事項に関し、平穏に請願する権利を有し、何人も、かかる請願をしたためにいかなる差別待遇も受けない」と規定しています。

憲法は請願に何の条件もつけていませんが、地方自治法124条では、自治体議会に請願する場合に「議員の紹介」を必要としています。議員の紹介のない請願は「陳情」と呼ばれ、請願よりワンランク低く取り扱われているのが普通です。ですから、請願として提出するには、まずは紹介議員を探さなければなりません。しかも、その請願が多くの人に支持されていることを示すため、しばしば、賛同者の署名簿もつけられます。こうした作業は生半可《なまはんか》な気持ちでできることではなく、住民にとっては、かなりのエネルギーを必要とします。

ところが、これを受け取った議会は、最小限のエネルギーで処理しようとしてきました。「採択」されるのは、すでに検討が進められている案件などに限られ、ほかの案件は「継続審査」となることもしばしばです。「継続審査」といえば聞こえがよいのですが、十分な審査もせずに先送りすることにすぎません。「憲法が認める請願権の行使」などと、議会のホームページでは持ち上げておきながらこのありさまでは、住民がトホホな気分になるのは当たり前です。

❖請願に対する住民の思い

請願に対する住民の期待と実際の取扱いのズレ、このズレに関する原因が議会側にあることは間違いないのですが、ようやく、請願をめぐる風向きが変わってきました。議会基本条例でのです。しかも、希望する請願者に意見を述べる機会を与える議会も多くなってきました。これまでの議会の請願の扱いからすれば、かなりの前進です。

ただ、住民の目には、それだけで十分とは映っていません。議会側からすれば「請願を大事にするという姿勢を示した」「言い分も聴いた」ということで満足しているかもしれませんが、住民としては、「顔を立ててもらう」ことが重要なのではなく、「政策提案として、どう検討をして、どのような結論が出たのか」、その部分をフィードバックしてほしいと感じているのです。

請願権は、参政権が認められない時代には大きな意味がありました。庶民の意見を権力側に伝える数少ないチャンネルだったからです。江戸時代の「目安箱《めやすばこ》」や、「民選議員設立の建白《けんぱく》書《しょ》」で有名な明治初期の建白も、請願の一種ということができます。ところが、今は違います。参政権というものが認められているのですから、請願はそれを補う補助的なツールとなっています。ただ、だからこそ、「請願や陳情を住民による政策提案と位置づける」意味があるのです。間接民主制でこぼれ落ちそうな事項や視点を拾い上げて、住民自治を完成に近づける意味合いがあります。議員自身が議会基本条例に規定した意味合いを、本人たち自身が理解する必要があるでしょう。

❖陳情・請願をめぐる議会内の工夫

さて、本当に請願を政策提案として位置づけるつもりなら、どのようなことが重要となるでしょうか。まず気になるのが、「陳情」の扱いです。地方自治法上に根拠がないので「事実上の行為」と軽んじる向きもありますが、これも、広い意味では「憲法上の請願」と理解することができます。その一方で、地方自治法で請願に議員の紹介を必要としていることにもうなずける部分があります。

陳情には、「趣旨が判然としないもの（何を求めているのかわからないもの）」や、「陳情の名を借りて他人を誹謗《ひぼう》するもの」などが含まれることがあります。請願の場合には、議員の紹介というフィルターを通しているので、こうした請願がなされることは少ないはずです。請願が提出されれば議会として受理しなければなりません。ですから、紹介制は、会員制のスナック同様、「安心できるしくみ」なのです。「基本的に陳情は審査せず、議員への配布にとどめる」として、請願に誘導しようとする議会が多いのは、そのせいなのでしょう。

ただ、陳情であっても、広い意味では請願権の行使のひとつであり、そこに議会にとって大事な政策提案が含まれていることに変わりはありません。そうであるなら、できるだけ、陳情を請願と同様に扱ってみてはどうでしょう。もちろん、「陳情の趣旨を逸脱《いつだつ》した陳情」が提出されることもあるかもしれませんが、あらかじめ議会の申合せなどで定めた「問題ある陳情」については、議員への配布にとどめるなどとしておけば、悩まされることは少ないでしょう。また、こうした申合せを住民に公にしておくことも忘れてはいけません。

このようにすると、請願と陳情との区別が実質的になくなるように思うかもしれません。それでもなお、請願の場合には紹介議員がいるわけです。「請願紹介議員は単なる『取次者』」と考える議会や議員も多いようですが、請願の内容に賛成するからこそ紹介者となるのです。そうであるなら、紹介者は議会において、請願者とともにその意図や意義を伝えるなど、請願の採択に向けて積極的な役割を果たしてみてはどうでしょうか。どんな形でその役割を果たすことができるか議会内で議論してみましょう。

❖さらに議会や住民ができること

請願の内容には、首長や関係機関が措置すべきものがあります。こうした請願が採択されると、措置すべき機関に請願が送られます。ただ、議会としては「送りっ放し」ではなく、地方自治法125条で、請願の処理の経過や結果の報告を求めることができることになっているのですから、最後まで関心を持つことも必要です。請願の処理結果次第では、「どうなっているのか?」と一般質問や質疑で問いただす必要があることもあるはずです。「採択して終わり」ではなく、請願のその後の扱いにも、議会は注意を払うべきでしょう。

　また、請願の内容が議会自身に関することなら、採択された請願に基づき行動することが求められます。「政策提案と位置づける」というのですから、条例案や修正案のきっかけになることもあるでしょう。

　住民の側にもできることがあります。その内容を示した上で条例の制定を請願として提出するのはどうでしょう。条例の制定や改廃は、請願によらなくとも、直接請求として首長に求めることができます。有権者の50分の１以上の署名が集まれば、求める内容の条例案を首長に提出させることができます。こちらの方が王道といえば王道なのですが、集めなければならない署名数も多く、しかも、首長経由です。請願の場合には、署名の要件もありませんし、何よりダイレクトに議会に条例制定を求めることができます。議会さえその気になれば、請願をきっかけに、住民と議会とが条例案を作ることもできるのです。

　冒頭の新聞記事のその後です。請願をきっかけとして、最終的には知事が条例案を提出した「障がいのある人もない人も心豊かに暮らせる大分県づくり条例」が平成28年３月25日に可決、成立しました。平成28年４月より施行されています。

3 〝定額支給〟の費用弁償は疑惑の温床

右費用弁償については、あらかじめ費用弁償の支給事由を定め、それに該当するときには、実際に費消した額の多寡《たか》にかかわらず、標準的な実費である一定の額を支給することとする取扱いをすることも許されると解すべきであり、そして、この場合、いかなる事由を費用弁償の支給事由として定めるか、また、標準的な実費である一定の額をいくらとするかについては、費用弁償に関する条例を定める当該普通地方公共団体の議会の裁量判断にゆだねられていると解するのが相当である。

――最高裁判決（平2・12・21）からの抜粋

❖議会出席のための費用弁償とは？

地方自治法203条2項には「普通地方公共団体の議会の議員は、職務を行うため要する費用の弁償を受けることができる」との規定があります。この規定を受けて、自治体から支給されるお金が「費用弁償」と呼ばれるものです。ただ、実際には、費用弁償を行うには条例を定めなければなりません。地方自治法204条の2には「いかなる給与その他の給付も法律又はこれに基づく条例に基づかずには、これをその議会の議員（中略）に支給することができない」と規定されているからです。そうした条例をひとつ、紹介しましょう。

◉議会議員の議員報酬等に関する条例

（費用弁償）

第6条　議員が公務のため旅行したときは、その旅行について費用弁償として別表に定める旅費を支給する。

2　議員が招集に応じ本会議、委員会又は福島市議会会議規則（中略）第159条第1項の規定により設けられた協議又は調整を行うための場に出席したときは日額3，000円以内の費用弁償を支給する。

3　前2項に定めるもののほか、旅費の支給については、福島市職員等の旅費に関する条例

（中略）の規定の例による。

費用弁償は名誉職時代の議員のなごりの制度として説明される場合もありますが、議員報酬は議会の仕事の対価であり、その仕事（職務）を行うための諸々の経費をカバーしようとするものです。地方自治法に根拠があるわけですから、費用弁償という制度自体に問題があるわけではありません。

どんな事柄について、どれだけの額を支給するか、それぞれの自治体の条例によって定められているわけですが、一般的には、出張の際の旅費、宿泊費などが費用弁償として定められています。ところが、しばしば世間から批判される費用弁償があります。それが「議会出席のための費用弁償」です。前掲の条例でいえば、２項に当たる費用弁償がそれです。

「市議会の活動に関する実態調査結果」（平成26年中　全国市議会議長会）によると、44・４％の市区議会に、こうした議会出席のための費用弁償制度があります。

❖費用弁償への住民の不信

費用弁償という名前からも、住民の多くは実費の精算払いをイメージするに違いありません。「通勤手当などないのだから、電車賃やバス賃が支払われるのだろう」――そう思うかもしれま

図2　費用弁償の支給方法

	定額	実費	距離に応じた交通費	その他
全市813市	124市(34.3%)	24市(6.6%)	155市(42.9%)	58市(16.1%)

全国市議会議長会「市議会の活動に関する実態調査結果　26年中」を基に作成

せん。いいえ、そう思うのが普通です。ところが、前述の全国市議会議長会の調査では、実額の弁償は6・6パーセントしかなく、かかった費用などに関わらず定額で支給される費用弁償が34・3パーセントに上ることが明らかになっています（図2）。

気になるその定額支給の額ですが、日経グローカル誌の全国813の市区議会を対象とした調査によると、定額支給1日当たりの平均金額は2千74円、最高は5千円（日経グローカルNO249　2014年8月4日号35頁）とのことです。議会に登庁する費用としては少し高額のような気がします。

ちなみに、定額支給の費用弁償の「横綱」は、東京都議会です。議会に出席するための費用弁償額は、特別区と島部（離島）に住所がある議員が1日1万円、多摩地区に住所がある議員が1日1万2千円となっています。議場から一番近い23区内の場合には、電車やバス賃は、高くても数百円のはずです。東京都というところは、よほど外食代が高いのか、住民が太っ腹なのでしょう。なお、離島の議員が多摩地区の議員より低額なのは変な感じがしますが、離島の議員には、ほかに船賃・飛行機代や宿泊費が支給されます。このことから明らかになるのは、1万円というのは、23区内から議場のある新宿に出向くためにどうしても必要な費用としてはじいた額ということです。これほどの高額でなくとも、定額支給の費用弁償は、「実費を超えた『隠れ給与』として支払われているのではないか」――住民の目にはどうしてもそう映りやすいものです。事実、定額支給の費用弁償には、いくつもの問題点が指摘されています。「『通勤』に公用車を出している議長などにまで同額が支払われているのはなぜ?」「食事代が含まれていると説明されるけれど、本会議がある日にはお弁当が支給されているのでは?」などなどです。

❖定額支給をめぐる最高裁判決

こうしたことを聞くと、「定額支給の費用弁償は違法ではないか?」「諸雑費を込み込みにした費用弁償は本来の費用弁償といえないのではないか?」と思えてきます。

ところが、諸雑費を含めた上での費用弁償の支給については、冒頭の最高裁判決があります。この判決では「標準的な実費である一定の額を支給することとする取扱いをすることも許される」として定額支給による費用弁償を認めています。また、「いかなる事由を費用弁償の支給事由として定めるか、また、標準的な実費である一定の額をいくらとするか」についてはそれぞれの議会にゆだねられているとしています。

何とも物わかりのよい判決にもみえますが、最高裁がこの判決で言いたいことは、「議会の裁量判断にゆだねられている」という点なのではないでしょうか。

住民への責任感の薄い議会は、この判例を「定額支給のお墨付きをもらった」と受け取るかもしれません。しかし、住民と向かい合う議会は、反対に、大きな責任を背負い込んだように感じているかもしれません。「ゆだねられた」以上、その責任に応えなければならないからです。

事実、この判決があっても、費用弁償の廃止や定額支給の見直しが各地で行われています。すべての自治体議会の責任感が薄いわけではありません。

❖実費とのズレを埋める

前掲の日経グローカル誌では、横浜市での動きが紹介されています。

「費用弁償の廃止・定額支給縮小の流れが続く中で、目を引くのが横浜市。２００７年度にいったん廃止した費用弁償を復活させ、13年10月から支給を再開した。政令指定都市（全20市）では横浜市を含めて13市が費用弁償を廃止したが、復活させたのは横浜市が初めて。従来は１万２千円（06年に1万円に減額）の定額支給だったが、復活に当たっては距離に応じて支給額を変える方式に改め」たというのです。現在の横浜市議会（横浜市会）の費用弁償は、議会よりの距離により、１日当たり千円、２千円、３千円の３つに区分して支給されています。

費用弁償や政務活動費などを含めた「歳費」であるならともかくとして、現在の自治体議員に支払われているのは、仕事の対価としての「議員報酬」です。こうしたこともあり、広域の自治体では、交通費も無視できるようなものではありません。議会に出席するための費用弁償の支給を必要とする判断もあることでしょう。

ただ、そうであっても、アバウトな定額方式は避けるべきです。少々額を下げたとしても、根拠のない支給額を住民が認めることはありません。実額方式にするのが一番ですが、それが事務負担上の問題で難しいなら、実額と大きく離れることがないようにしなければなりません。

法律的には「議会の裁量」にゆだねられたものとしても、ゆだねられているからこそ、住民の支持がなければこの費用弁償は立ちゆかないのです。実費とのズレの大きさは、とりもなおさず議会と住民との意識のズレの大きさでもあるのです。

4 〝行列ができる〟議会報告会の運営方法

まず、「住民との懇談会」である。ここでは、住民の前に議員が議会の一員として登場し説明し質問に答える。支持者を集めた集会とは異なっている。一般の住民に、議会人として対応しなければならない。しっかりと答えるためには、議会の在り方だけではなく、政策の知識も必要である。政策は執行機関のものだと答えれば、議会はそっぽを向かれる。議会はそれぞれの政策に対してどのように討議し、どう対応したのか、住民にわかりやすく答えなければならない。これらの十分な能力が議員には必要となる。

――江藤俊昭『図解　地方議会改革―実践のポイント１００―』（学陽書房　２００８年）49頁

❖議会報告会の意義

すっかり定着した議会報告会ですが、全国で住民のモヤモヤと議員のガッカリが充満しています。ここでは、その原因と改善策を検討します。

議会報告会は、議会が議場外に出かけていって、住民に議会審議の経過などを報告する場として生まれました。地方自治法上のしくみではありません。2006年に定められた北海道の栗山町議会基本条例で位置づけられたことで有名になりました。ただ、議会報告会については、宮城県の（旧）本吉町（現気仙沼市）の取組みが古く、2001年から全議員により実施されていました。議会報告会という名前も、議会報告会のやり方も、栗山町議会がこの本吉町をお手本にし、全国に広がっていったといえます。

⦿栗山町議会基本条例

（町民参加及び町民との連携）

第4条　1〜7（略）

8　議会は、前7項の規定に関する実効性を高める方策として、全議員の出席のもとに町民に対する議会報告会を少なくとも年1回開催して、議会の説明責任を果たすとともに、これらの事項に関して町民の意見を聴取して議会運営の改善を図るものとする。

9　（略）

この議会報告会が新しかったのは、冒頭の引用にあるように「議員が議会の一員として登場」したことです。これまでも、それぞれの議員は「議会報告会らしきもの」をしていたでしょうが、それは主に支持者向けでした。「○○の件、がんばっています」とか「××については、執行部に要求していきます」といっても、そこにいるのは支持者ですから、それ以上、厳しい質問が飛ぶことはありません。

ところが、議会報告会ではそうはいかないのです。自分に1票を入れていない、入れてくれそうにない住民もそこにいます。考え方も違うわけですから、ていねいに説明しなければなりません。しかも、「本当は反対だった…」などという本音や言い訳を抑えて、議会としての判断を説明しなければならないのです。それには議員側もかなりの勉強をしなければなりません。

当初は個人の議会報告会との違いが区別できない議員もいたことから、「議員は個人の意見は言わない」とか「議会での審議過程を中心に住民に説明する」というスタンスで臨んだ議会も多かったものです。

住民にとっても、議会報告会なるものは初めてでしたから、戸惑いがありました。「あの道路はいつになったら完成するんだ」「○○小学校の横の危険な空家を取り除いてほしい」といった行政執行への要望がなされることもしばしばでした。また、議会が主催していることを理解する住民からも「議員の数は半分でいい！」などと長演説をされ、「議会への不満ぶちまけ大会」になってしまうこともありました。

ただ、こうした混乱も回を重ねるごとに姿を消し、本来の議会報告会の姿を取り戻しつつありました。

❖曲がり角にきた議会報告会

ところが今、議会報告会が曲がり角にきています。多くの自治体議会で回数を重ねれば重ねるほど、参加者が減っています。いつも来てくれる常連さんはいるものの、座り主のいないパイプ椅子が並ぶ光景が広がっているのです。これには参加議員もガッカリです。「第1回はあんなにたくさん来てくれたのに…」。議員側からすれば理由がわからず戸惑うばかりですが、住民側からすれば参加しなくなっただけの理由があります。

住民に尋ねてみると、だいたい、次の４つの不満を口にします。①報告ばかりで、意見交換の時間がない（少ない）、②淡々と進んでまるで議会みたいでおもしろくない、③なぜ、議員自身の意見を聴けないのか？　④意見交換した件はその後どうなったのか？

どんどん参加者が少なくなっている議会に、この４つの不満をぶつけてみると、たいがいはこうした反論が返ってきます。「議会報告会はそうしたものだから仕方がない」――でも本当にそうでしょうか？　住民に満足してもらえる議会報告会は開催できないのでしょうか。ひとつひとつ、住民の不満を分析し、議会ができることを考えていきたいと思います。

❖議会報告会は報告だけの場ではない

議会というところは挨拶という名の訓話が好きです。開催経験の浅い議会報告会は特にそうですが、議長・副議長が挨拶して、委員長が開催趣旨を長々と述べたりします。本題に入ると、前回の議会の報告がこれまた長々と続きます。「議会の説明だけを長々と行う議会報告会」なら、参加者がどんどん減っていくのも当然です。

議会の側からすれば、わざわざ議会報告会を設けたと思うかもしれませんが。住民には住民の思いがあります。「報告を聴くだけなら来る必要がなかった」――内容次第ではそう思うかもしれません。議会だよりを読めばいいからです。

議会報告会でしか聴けないこと、議会報告会でしかできないこと。住民はそれを求めています。最小限必要なのは、議員と住民との意見交換です。意見交換といっても、基本的には住民の思いや考えを議会側が聴くことになるでしょう。議員側からすれば、議会報告会は議会の活動内容を住民に知ってもらうと同時に、住民の意見を聴く場でもあるのですから、きちんと耳を傾けなければなりません。それなのに、挨拶ダラダラ、難しい用語山盛りの議会報告では、住民がもう来たくないと思うのは当たり前です。

当日の資料は、ネットなどを通じて事前に配布しておきましょう。時間も省略できますし、当日の意見交換も活発になります。「事前に配布すると、住民にいろいろ言われてかなわない」――そう言って嫌がる議員もいますが、そこを受けて立つのが議員というものです。

また、議会報告会の開催時間は1時間30分か2時間といったところでしょうが、そのうち半分以上は住民のみなさんとのやりとりに割きたいものです。また、ひとりの発言時間を決めて、司会がうまくさばき、多くの人が意見を言えるようにする。これも大切なことです。

❖議員報告会を事務局職員に任せない！

ある程度、意見交換ができる議会報告会となっても、住民には物足りなさが残ります。それは運営方法です。公務員が一番恐れるのは、ハプニングです。極端にいえば、議会事務局職員にとって、トラブルなく予定通りに終了した議会が最も望ましい姿なのです。ただ、公務員を非難することはできません。これは公務員の性《さが》のようなものだからです。

ですから、議会報告会を議会事務局職員に仕切らせてはいけません。そもそも法律によって義務づけられたわけでもない議会報告会をやろうといったのは、議会です。それなら、議会報告会の司会進行は議員の手で行うべきです。議会事務局職員に手伝ってもらうことはあっても、彼らが前面に出るようなことがあってはいけません。トラブルもあるかもしれませんが、それをうまく乗り越える議員を住民は見ています。議員の調整力、人間力が試される場だと思って頑張るしかないのです。

❖議員個人としての発言は本当にタブーなのか？

当初は、議会報告会のやり方として「議員が議会の一員として発言すること」が徹底されていました。それは、個人の議会報告会との違いを住民にも議員本人にも理解してもらうための意味合いがありました。ただ、現在は、議会報告会の意味が双方に理解されているのですから、絶対的なタブーとすることはないでしょう。

事実、この「掟」を破る議会も現れています。福井県永平寺町議会では、数回の実施の後、「議員が個人的見解と前置きし自由に発言することができる」としています。今や、議会報告会の名前も「議会と語ろう会」となっています。

「議員がどのように考えているのか」、住民からすれば、そこに議員がいるのですから尋ねてみたい気になるのは自然なことです。そこは工夫のしどころです。第１部は報告会、第２部は特定のテーマについて「議員と語る会」といったように２部構成とするのもいいかもしれません。ただ、参加議員が自分の正当性ばかりを主張しない心がけも必要になります。「私は反対したのだけれども、他の議員の理解が足りなくて…」などとばかり言い始めたら、議会報告会は台無しです。

❖議会報告会を使って政策形成サイクルを回す

議会報告会で意見交換もするようになった。議員個人の意見も聴けるようになった。それでも、まだまだ完成形ではありません。「相談をしたら、報告をする」――これは人の道です。ところが、「いい意見を言ったのに、議会がそれを取り上げない」――今度はそうした不満が起こるものです。北海道にある北竜町《ほくりゅう》では、議会報告会で町民から出た意見は必ず議員が質問や質疑として取り上げることを決めているそうです。誰も取り上げないときに、議長が副議長に席を譲ってまで一般質問したことがあるそうです。

ここまでくれば、大したものです。しかし、それでさえ、住民はなかなか満足しません。さらに自分の意見が議会を通じてどう実現したのか、あるいはどういう理由で執行部ができないといったのか、それを知りたくなるはずです。おそらく、住民の満足を追い続けると、そこまで到達せざるを得ないのでしょう。会津若松市議会が住民を起点として「政策形成サイクルを実現した」ということで注目を浴びました。政策形成サイクルというのは、問題点の発見、問

図３　議会報告会への不満とその解消方法

報告ばかりで、意見交換の時間が少ないんじゃないの？
☞報告の一部は事前資料などで行い、住民との意見交換の時間は半分以上とりたい
淡々と進んでまるで議会みたいじゃないの？
☞事務局任せにしない！　ハプニングがあっても議員が仕切れる場にしたい
なぜ、議員自身の意見を聞けないの？
☞議員の意見を直接伝える場があってもいいのでは？　しかし、議員が自分の正当性ばかり主張しない心がけも必要
意見交換した件はその後どうなったの？
☞議会報告会でも「ほう・れん・そう」（報告・連絡・相談）は大切。議会報告会を起点とした政策形成サイクルを回そう

題点を克服するための政策の提案、政策の執行の検証、さらなる改善点（問題点）の発見というサイクルのなかで政策を高めていくことをいいます。住民の満足を追い求めていくと、どの議会もそこまで行きつくことでしょう。議会報告会をするのであれば、そこまでしなくては意味がありません。実績作りの中途半端な議会報告会は、住民との溝を広げることになるかもしれないのです（図３）。

❖議会報告会の発展形

経験を積んだ議会は、議会報告会のやり方をさらに発展させています。予算や決算の報告ばかりでなく、住民に関心の高い話題を入れておくのもその方法です。「中央図書館の指定管理の是非を問う！」とか「市民病院の移転問題の進行状況」など、住民生活と関わりの深い問題であって、しかも、これから本格的な議論が行われるものについて、住民と意見交換するのです。

ときには、特定の層の住民を狙った議会報告会も「あり」です。議会報告会の参加者は男性、しかも、リタイヤ世代の方が多いものですが、「わが市の子育て環境を変える！」などとテーマを掲げて日中に開催するのではどうでしょう。子連れでも気軽に参加できるように、和室などを借りて車座で行うのもいいでしょう。

また、政策形成へのフィードバックを考えると、委員会単位での議会報告会も有効です。特定のテーマと関わり合いの深い委員会が中心となれば、住民の期待も深まるかもしれません。

「議会報告会は人が集まらないなぁ」――そういってあきらめる前に、まだまだ住民を満足させる工夫はあるはずです。

5 〝聴く気が失せる〟傍聴規則を見直そう

◉標準都道府県議会傍聴規則
（傍聴席に入ることができない者）
第12条　次に該当する者は、傍聴席に入ることができない。
一　銃器、棒その他人に危害を加え、又は迷惑を及ぼすおそれのある物を携帯している者
二　張り紙、ビラ、掲示板、プラカード、旗、のぼり、垂れ幕、かさの類を携帯している者
三　はち巻、腕章、たすき、リボン、ゼッケン、ヘルメットの類を着用し、又は携帯している者

四 ラジオ、拡声器、無線機、マイク、録音機、写真機、映写機の類を携帯している者。ただし、第14条の規定により、撮影又は録音することにつき議長の許可を得た者を除く。
五～八 （略）
九 その他議事を妨害することを疑うに足りる顕著な事情が認められる者
2・3 （略）
4 児童及び乳幼児は、傍聴席に入ることができない。ただし、議長の許可を得た場合は、この限りでない。

❖傍聴してほしいの？ ほしくないの？

全国都道府県議会議長会の定めた標準傍聴規則の一部を引用しました。標準傍聴規則というのは傍聴規則のモデル例規です。全国市議会議長会、全国町村議会議長会も、それぞれ標準傍聴規則を用意しており、自治体議会はこれらを参考にしながら、自らの議会の傍聴規則を定めています。地方自治法130条3項は議長がそれを定めるよう義務づけています。

「開かれた議会」という言葉がよく言われているからでしょうか。ほとんどの議会のホームページで「傍聴を希望する方へ」などという案内が掲載されています。ただ、その記事には、「帽子、えり巻、外とう類の着用または傘、杖の類を携帯しないでください」「会議中にみだりに傍聴席を離れないようにしてください」など、長々とした注意書が続きます。読んでいるうちに「傍聴に来てほしいの？　来てほしくないの？」と首を傾げる住民も多いことでしょう。こうした注意書きはその議会の傍聴規則の内容を抜き出したものです。

⦿地方自治法
第１３０条　傍聴人が公然と可否を表明し、又は騒ぎ立てる等会議を妨害するときは、普通地方公共団体の議会の議長は、これを制止し、その命令に従わないときは、これを退場させ、必要がある場合においては、これを当該警察官に引き渡すことができる。
２　傍聴席が騒がしいときは、議長は、すべての傍聴人を退場させることができる。
３　前2項に定めるものを除くほか、議長は、会議の傍聴に関し必要な規則を設けなければならない。

❖「議会への敬意」の扱い

傍聴規則は、議会への敬意を失する行為を禁じています。一般的に「帽子、外とう、えり巻の類を着用しない」「飲食又は喫煙をしない」「異様な服装をしている者は傍聴席に入れない」などとしています。住民やときには議員自身から「住民は主権者だから議会や議員への敬意を求めるのはおかしい」という意見を耳にします。しかし、それは違うように思います。「議会が権限を有している」から敬意を払うのではありませんし、「議員が偉いから」敬意を払うわけでもありません。議員がほかならぬ住民の代表者であり、議会が住民の信託を受けた存在だから敬意を払うのです。この敬意は、住民を主権者とすることで成り立つ敬意なのです。

ただ、そうであっても「細かく言いすぎ!」ということはいえるのかもしれません。小学生相手ではないのですから、傍聴者への敬意もまた必要です。「傍聴の自由」を制限するわけですから、してはいけない行為を類型化しようとする考え方もわかります。ただ、「敬意を払う」という内心の問題を外形的にルール化するのは、あまり賛成できません。たとえば、ある内心的な理由から帽子を脱げない傍聴人をめぐる問題がニュースになったことがあります。この人は決して議会への敬意を失しているわけではありませんでしたが、帽子を脱げないという理由だけで、傍聴を許してもらえませんでした。事務局職員が事情をよく聞いて、議会として傍聴を認めるという選択もあったと思います。しかし、外形からのルールがそうした対応を難しくしました。

✣予防的なルールとしての傍聴規則

傍聴規則で禁じられる行為のなかには、審議の妨害を予防するねらいのものもあります。「銃器、棒」などを携帯している者を傍聴席に入れないとする定め、許可を得た者以外がレコーダーやカメラなどを傍聴席に持ち込めないとする定めなどがそれです。直接的にはこれらを議場に投げ込むことを防ぐ狙いがあります。また、傍聴席で、はち巻、腕章、ゼッケンなどの着用を禁止するのは、議員への余分な圧力を防ぎ平穏な審議を確保するためです。また、乳幼児などを傍聴席に連れて入ることができないとされているのも、子どもがぐずって、審議の妨げにならないようにするためでしょう。

こうした予防的な措置に理由がないというつもりはありません。しかし、「やりすぎ」の面もあるような気がします。事実、県議会の傍聴に訪れた視覚障害者が、白杖《はくじょう》を折りたたんでカバンに入れるか、係員に預けるか求められたことが話題となりました。予防的な意味から、白杖も危害を加えるおそれのある物として特別扱いをしなかったのでしょう。ただ、白杖は視覚障害者にとって身体の一部といってもいいものです。当然、こうした県議会の扱いは批判を受け、運用の改善や傍聴規則の関係部分を改正する動きが全国的に広がりました。

また、乳幼児の傍聴禁止措置も、理由は理解できるものの、ある意味、議会の受け入れ態勢の問題ともいえます。小さな自治体の議会では難しい面もありますが、施設や託児サービスの問題が解決できれば、傍聴を諦めずにすむからです。

❖傍聴規則の位置づけと規定の変遷

すでにお話ししたように、傍聴規則は、地方自治法130条3項によって議長が定めるとする傍聴のルールのことです。本会議について、地方自治法115条1項は「会議公開の原則」を定めています。この「会議公開の原則」の内容には、「報道の自由」「会議録閲覧の自由」とともに、「傍聴の自由」が含まれます。傍聴規則はこの「傍聴の自由」を背景に、傍聴の手続と不穏な傍聴人から審議を守るための紀律として定められています。傍聴規則は議会ではなく、会議を主宰する議長が定めるものとしているのも、こうした性格からなのです。少しプロっぽいことをいうと、傍聴規則の根拠を定めた130条3項が、地方自治法の「紀律」の節（2編6章9節）に置かれていることが重要です。傍聴規則は、会議公開の原則を大事にしながらも、会議の運営を妨げられないためのルールとして存在しているというわけです。事実、2006年の改正前の地方自治法130条3項は「傍聴人の取締《とりしまり》に関し」という表現がとられていました。そのため傍聴規則は「傍聴人取締規則」という名前が一般的だった時代もありました（今でもまだその名前が残っているところもあります）。「取締」という言葉が、「会議公開の原則からふさわしくない」「住民へ向けられた言葉として使うべきではない」といった意見から行われた改正ですが、ある一面では法的性格をよく表しているものといえます。

とはいえ、傍聴人性悪説に立った規制は「やりすぎ」です。いわゆる１９６０年代の「荒れる議会」を経験した後、傍聴席に入ることができない者についての規制が現在のように強化されたという歴史がありますが、それから50年近くが過ぎ、審議の障害になるような事態が起こることは、今では少なくなりました。

❖議会が神経質になる理由

自治体議会が傍聴人に対して「念のため」の規制を残しておく気持ちも、わからなくもありません。国会（衆議院や参議院）の場合には、衛視《えいし》という議長警察権をつかさどる職員がいます。簡単にいえば、院内の秩序を守る特別な警察官のような存在です。さらに「議長は、衛視及び警察官を指揮して議院内部の警察権を行う」（衆議院規則２０８条。参議院規則２１７条も同趣旨）とあり、警察官の応援も求めることができます。この場合の警察官は議長警察権をつかさどる者であり、衛視と同じ存在になります。こうしたことから、応援に入る警察官は警棒や拳銃をはずして参加するものです。しかも、衆議院や参議院は独自に国会議事堂その他の施設を有しており、議長警察権が及ばない国会の施設についても、施設管理者としての議長が管理権を発揮することができます。ある意味、万全の体制で国会の秩序を守ることができるのです。

ところが、自治体議会には衛視のような存在はありません。議会事務局職員や、時には守衛が、議長の下、議会の秩序を守ることになります。地方自治法130条1項には、会議を妨害する傍聴人に対して議長が制止し、その命令にも従わない場合には退場を命じることができるとしています。さらに必要があるときには、警察官に引き渡すことができる旨も定められています。事務局職員や守衛が議長の指示の下に妨害行為をやめさせ、議場外に連れ出すことは可能でしょうが、衛視に比べ「迫力不足」は否めません。また、地方自治法130条1項に出てくる警察官は、議長の下に議会の秩序を守る存在ではありません。公務執行妨害などの罪を行った者をただ引き渡すに相手にすぎないのです。さらにいえば、議場の外に一歩出れば、議長は施設管理権者としての権限を行使することもできません。つまり、自治体議会における秩序保持は、国会に比べて少し心配な部分があるのです。いつまでも過剰な規制を残しているのも、トラブルを未然に防ごうとする気持ちの表れではないかと考えられるのです。

❖傍聴規則の改善

議会改革が進む中で「置いてきぼり」の感があった傍聴規則ですが、ようやく改善の動きがみられるようになりました。まず、傍聴に当たって住所、氏名、年齢などを記載する手続を省略する議会が多くなっています。こうした事項を事前に書かせることは、妨害行為に対する「抑制機能」を期待してのことなのでしょうが、特段の必要性がないのなら、公開の原則に照らしても、やめるという判断に合理性があります。

さらに改善が進んでいるのが、児童、乳幼児の傍聴席への立入禁止です。福岡市議会、堺市議会、町田市議会、長岡市議会など「親子傍聴室」を整備した議会も多く、児童や乳幼児の傍聴の禁止規定を削除する動きが広がっています。また、神奈川県議会のように傍聴時の「託児サービス」を始める議会も現れはじめました。

北海道白老《しらおい》町のように、傍聴席における写真、ビデオ撮影、録音などの禁止規定をなくすところもあります。原則自由としながらも、議事進行の妨げなどとなる場合のみ規制をしようとする趣旨です。これまでは、「一部の発言だけが切り取られて伝えられる」などの不安があったのでしょうが、編集なしのネットでの中継や録画配信がなされるようになっているわけですから、審議などを妨げない範囲で撮影や録音を認めることは、当たり前のことといえるでしょう。こうしたことを考えると、「議場に投げられたら危ない」という理由であれやこれやと危険物を書き並べるやり方は、時代遅れのやり方といえます。

⦿白老町議会傍聴規則

（傍聴人の責務）

第6条　傍聴人は、傍聴席にあるときは、静粛を旨とし、議場の秩序を乱し、又は議事の妨害、示威的行為及び他の傍聴人の迷惑になる行為をしてはならない。

（写真、ビデオ撮影及び録音等の自由）

第8条　議長は、傍聴席における写真、ビデオ等の撮影及び録音（以下「撮影等」という。）について、議事の進行の妨げとなっていると認めたとき、又は他の傍聴人に迷惑を及ぼしていると認めたときは、撮影等の方法の変更を求めることができ、これに従わない場合は、撮影等を禁止することができる。

❖議会の覚悟・傍聴人の自覚

「傍聴人取締規則」という名前を「傍聴規則」に変えただけでは、本質は何も変わりません。議会の秩序維持を図りながらも、できるだけ多くの人に議会での議論を聴いてもらうことこそ、傍聴制度の肝となります。考えてみると、予防的措置をいくつも書き連ねるより、白老町のように、傍聴人の守るべき義務を定めることで法的には十分といえるでしょう。むしろ問題なのは、議長やそれを支える議会事務局職員の覚悟です。議会の秩序維持を乱す者に対しては、議員であろうと傍聴人であろうと毅然とした態度で臨むことが求められます。そのことに自信がないため、予防的な措置をとろうとするのであれば、それは方向性が逆なのです。

ただ、その一方で、心構えのできていない傍聴人の姿も見かけます。拍手などはしないまでも、執行部側の不十分な答弁や自分とは立場の異なる議員の発言に大声で嘲笑したり、舌打ちをするなどの場面に出くわすこともあります。大きく足を組んで、配られた資料をうちわ代わりにしつつ、隣席の人と感想を述べあうという光景も目にします。たしかに、住民こそが主権者です。しかし、この審議の場では、住民は参加者ではないのです。審議を尊重する心構えがないなら、傍聴すべきではありません。

議会側の公開に対する理解と、傍聴者の審議へのリスペクト、この２つがかみ合うことが充実した傍聴制度を支えるものといえるのではないでしょうか。

❖委員会における傍聴

最後に、委員会における傍聴についても記しておきましょう。地方自治法１１５条１項の「会議公開の原則」は、委員会には及びません。地方自治法でいうところの「会議」というのは、本会議を指すからです。したがって、地方自治法上、委員会の公開は義務づけられていません。標準傍聴規則も、本会議の傍聴にのみ適用されるのです。ですから、委員会については、公開とするか、非公開を原則としながら「委員長が許可した者は傍聴することができる」とするか、議会が決めることになります。

しかし、実質的な議論が委員会でなされることを考えると、委員会を公開することこそ重要です。「委員長が許可した者は傍聴することができる」とする議会でも、許可を原則とする運用がなされるなどの改善が進んでいます。委員会に関する傍聴のルールについては、別に「委員会傍聴規則」や「委員会傍聴規程」などで定められています。

6 〝ゴミ箱直行〟にならない議会だよりの作り方

「調べたわけではないけれど、うちの議会だよりは、どうやらあまり読まれていないようだ」。そんな感覚が議会事務局職員の中にあるようです。ならば、それはなぜなのかを考えてみなければなりません。筆者の見解では、掲載されていることのほとんどが「終わったこと」だからではないかと思います。記事の内容のほとんどが、もう済んでしまったことなのです。（中略）これが議会だよりのもつ本来的な性格であり、同時に、ある種の宿命的なものではないかと思うのです。

——香川純一・野村憲一『自治体の議会事務局職員になったら読む本』（学陽書房　2015年）184・185頁

❖読まれない「議会だより」

多くの自治体議会で年4回の「議会だより」が発行されています。ただ、お世辞にも「よく読まれている」とはいえない状況にあります。読まずに捨てている住民もいますし、なかにはその存在すら認識していない住民もいます。それでも議会だよりは作られ、配られ続けるのです。どうして、多くの議会が読まれもしない議会だよりを作るのでしょうか。まずは議会だよりとはどのようなものか、そこから確認してみましょう。

「議会だより」は、議会の広報誌です。ただ、冒頭の記事にもあるように「行われた議会を報告する」という性格があります。多くの自治体議会では、年4回、定例会という議会がありま す。定例会というのは、定期的に開かれる議会のことです。緊急の案件がある場合には、臨時に議会を開かなければならない場合もありますが、定例会は必ず開かれる議会です。その議会の報告を中心に記事をまとめたのが、議会だよりなのです。年4回発行する議会が多いのは、年4回の定例会に対応してのことです。

この議会だよりを作るのは、もちろん議会です。ただ、議員全員で作るのではありません。数人の議員からなる編集チームで作られます。「議会だより編集委員会」といった議会内の組織であったり、広報広聴委員会などといった名の常任委員会や特別委員会が置かれて、そこが担当する場合もあります。この場合には地方自治法や条例に根拠がある正式な議会の機関ということになります。いずれにしても、議会だよりは「議会の活動を住民に知ってもらいたい」という目的のために作られているのです。

❖読まれない理由

住民に読んでもらうために作られたはずの「議会だより」が、住民に読まれていない。そこにズレが生じています。ただ、その理由ははっきりしています。ズバリ、「読みたい誌面となっていない」のです。議会もようやくこの問題に気がついて、改善しようとしています。評判のいい議会だよりを出している議会に視察に行ったり、雑誌の編集者を呼んでアドバイスを受けたりと努力する議会も見られます。しかし、議会関係者であれば、議会だよりに魅力がない理由はもっと「深いところ」にあることを知っています。

一番の問題は、議会事務局が中心になって作っていることです。全国市議会議長会のデータによると、議会だよりを発行している７９６市のうちで、議会だよりの作成を議員のみで行っている議会は68市しかありません。全体から見れば、実に８・５％にすぎません。一般的には、議員と議会事務局とが共同して議会だよりを作成していることがよくわかります（図４）。

すべての議会がそうだとはいいませんが、議員と議会事務局が共同して作成したといっても、編集の多くの作業はもっぱら事務局職員が行い、編集委員会などは、できあがりを「確認する

図4　議会だよりの編集体制

全市	議員だけで作成	議員と議会事務局で共同作成	議会事務局だけで作成	民間に委託	その他
796市	68市 (8.5%)	622市 (78.1%)	72市 (9.0%)	3市 (0.4%)	31市 (3.9%)

全国市議会議長会「市議会の活動に関する実態調査結果　平成26年中」を基に作成

だけ」というところも多いものです。

事務方が何に神経を使うかといえば、記事における議員の公平性です。それぞれの議員の一般質問を扱う記事スペースを同じにするのはもちろんのこと、掲載する写真に写り込む議員の大きさまでポイント化して記録し、任期を通してすべての議員が同じポイントになるようにする議会もあります。また、議会だよりの見出しも毎年の使いまわしです。「第4回定例会開催」、「平成○年度予算成立！」など、見出しが同じなら文字の大きさまで同じ、ということもあります。事務方からすれば、冒険を犯すより「これまでの通り」と説明する方がはるかに作業しやすいからです。少し記事を変えようとすると、編集委員全員の了解をとらなければならず、相当のエネルギーが必要となります。つまり、事務局まかせにする以上、読んでもらえるような「議会だより」が作られることはないのです。

「新しく選出された議員を大きく取り上げようか？」「今号は『こども議会』の特集をしよう！」――議員が実質的な編集を担当するからこそ、そうした議論ができ、紙面にアクセントがつけられるのです。魅力ある議会だよりを作るには、まずは議員たちが自ら編集し、住民に伝える努力をすることから始めなくてはなりません。

❖議会だよりの果たす役割

議会だよりの果たす役割は、時代とともに変化しています。以前は、インターネットを使った議会中継や録画はありませんでした。また、インターネット上で会議録を見ることもできませんでした。会議録は図書館や市政情報コーナーなどで閲覧するものであり、議会だよりは手軽に議会での議論を知ることができる媒体だったのです。また、会議録のできあがりにはより時間がかかるため、議会から2か月近くたって発刊される議会だよりであっても、ある程度の速報性がありました。

ところが、今や議会だよりには、こうした役割は期待されていません。過去の議会の報告であるにしても、これまでの経緯やその背景にある問題の解説を加えるなど、読むべき価値を加える必要があります。また、議会だよりが議会の活動を住民に知ってもらうためのものだとしたら、「これからの議会の予定」を入れることを意識するべきでしょうし、一般質問や採択された請願の内容などがどう行政に反映されたかなどを調べて、住民に届ける努力もすべきでしょう。何より、議会が一方的に報告事項を記載するというスタイルをやめなくてはなりません。議会が住民の質問に答えるとか、議会審議の参考に住民の意見を募集するなど、議会側から住民に歩み寄る姿勢がないと、多くの人に読まれることはないのです。誌面構成やレイアウトの改善も大事ですが、その前に、こうした議会だよりの役割のとらえ直しが必要であるように思われます。

❖議会だよりの可能性

これからの議会だよりの可能性を考える上で、興味深い例を紹介しておきましょう。「手に取ってもらえる議会だより」という意味で優れた議会だよりが、あきる野市の「ギカイの時間」です。議員有志が研究を重ねて2013年に誌面をリニューアルし、名称も「ギカイの時間」へと変えました。

市民の写真を表紙にしているところは、これまでどおりですが、ちょっとしたファッション誌のような雰囲気に変わりました。あきる野市のホームページからは、過去の議会だよりを見ることができます。69号（平成24年11月1日発行）と、70号（平成25年2月1日発行）とを比べてみると、その変化にビックリすることと思います。ためしに、リニューアルして3年となる82号（平成28年2月1日発行）のコンテンツは、「特集」「こんなことが決まりました」「聞いてみたいなこんなこと」「トピックス」「きかせて！あなたの未来」から成り立っています。巻頭の特集記事は「ギカイの時間」の特徴です。この号では「若手保育士×市議会」として、若い保育士のみなさんから市や議会に望むことなどを聴いています。「こんなことが決まりました」は議案の審議状況を、「聞いてみたいなこんなこと」は一般質問の概要を伝えるなど、大きなつくりとしては従来の議会だよりの枠のなかにありますが、「住民に読んでもらいたい」という気持ちが伝わってきます。なお、裏表紙の「きかせて！あなたの未来」は市内の小学6年生に未来の夢を語ってもらうコーナーです。小さなコーナーながら、住民に歩み寄る姿勢が見てとれます。

従来型の議会だよりであっても、工夫次第で読んでもらえる議会だよりを作ることはできます。「住民との近さ」を武器にして、魅力ある議会だよりを作っている小規模自治体もたくさんあります。例えば、山梨県昭和町議会の議会だよりです。一見、どこにでもある議会だよりです。しかし、巻頭の特集、そして、一般質問に執行部がどう対応したかを追跡調査する「追跡」のコーナー、誌面上での議会クイズ（正解者に景品が出ます）、「昭和町に住んでみて」という住民エッセイなど、議会と住民をつなぐ記事が目白押しです。さらに、広報編集委員が町内の団体を訪ねて取材する「議員記者が行く」のコーナーも始まりました。

昭和町議会が従来型の議会だよりの到達点だとすると、これからの議会だよりという意味では、「デジタルブック形式」での議会だよりを挙げることができます。インターネット上で議会だよりを読める議会は数多いですが、ＰＤＦファイルだけでなく「デジタルブック形式」での議会だよりを掲載する議会が増えてきました。デジタルブック形式では、紙の議会だよりのようにページをめくることができます。文字の拡大や検索の機能を充実させれば、求める記事を探しやすくなります。

❖読まれる議会だよりを作るには

議会だよりの発行を義務づける法令はありません。ですから、議会だよりは、議会と住民をつなぐものとして議会が自発的に発行しているものなのです。第一に議会は、そのことを理解しなければなりません。「議会だよりにどんなことが期待されているか」、「議会に関して住民はどのようなことが知りたいのか」――愚直であっても、それを踏まえて編集することしか、読んでもらえる議会だよりを作る方法はないのです。「伝えたいこと」は、「住民が知りたいこと」のなかになければならないのです。

7 〝住民参加型〟の議会審議運営を

⊙名古屋市会市民３分間議会演説制度実施要綱
第１条　この要綱は、市民３分間議会演説制度の実施に関し必要な事項を定めるものとする。
第２条　この演説制度は、市民が議会で発言する機会を確保することにより、市民の議会への関心を高め、市民により身近で開かれた議会の実現に努めることを目的とする。
第３条　演説の実施場所は、委員会室とする。

✣進む住民参加、それでも不満の住民

「住民参加もここまで進んだのか」――名古屋市会の「市民３分間議会演説制度」にこうした

感想を持つ読者も多いことでしょう。これまでも、住民が議会から求められて参考人としては発言することはありました。また、請願や陳情の審査に当たって、委員会で住民が発言することはありました。ただ、この市民3分間議会演説制度は、これらとは本質的に異なります。議会が求めたのではなく、住民が自ら発言したいことを発言できるものであり、法律や条例で認められた権利を足がかりにするものでもないのです。こんなこと、少し前までは考えられないことでした。

大田原市議会では、さらに時間を延長して「市民5分間演説制度」を導入しています。また、取手市議会では、委員会の傍聴者が、委員長及び委員会の過半数が必要と認めた場合に、委員会で発言をすることを認めています。こうした制度は、議会における住民参加の深化を象徴するものといえるでしょう。

ところが、参加を認められた住民が議会に満足しているかというと、そうでもないのです。「議会に意見を言ったが尊重されていない」との不満が住民に残る場合も多いといいます。「思い切って住民参加を求めた」という思いの議会と、それでも不満に思う住民との間のズレの原因を探ります。

❖住民参加をめぐる法的環境

自治体には議会があります。議会があるということは、間接民主主義がとられているということです。自治体の場合には、署名を集めて条例の制定や議会の解散などを求めることができますし（直接請求）、町村では議会の役割を有権者の総会に行わせることもできます（町村総会）。それでも、議会は住民意思の代表機関であり、その自治体の意思決定機関です。そうしたことがあるからでしょうか、少し前まで住民参加に否定的な議員も数多くいました。「自分は住民から選ばれた存在なのだから、個別の案件に住民の意見を聴くことはない」——そう主張する議員がたくさんいたのです。一方、住民の方も「行政の監視などは議会に任せたい」と思っていました。任せていても、分権改革前の自治体の権限は大きくありませんでしたし、財政的にひっ迫することはありませんでした。ところが、こうしたおおらかな「おまかせ民主主義」の時代は終わりました。分権改革後、自治体に与えられた権限は格段に大きくなり、政策的能力の面でも財政力の面でも、自治体格差が生まれています。議会はもはや、首長の「追認機関」ではなくなったのです。議会には、自治体行政をよくするために相応の働きが期待されています。加えて、議会の住民参加が進んだ背景には、間接民主主義を補完する法制度が多く生まれたということがあります。

行政手続法には、平成17年の法改正で、政省令などを定める際のパブリックコメント手続が加えられました。本来、行政に任されているといえる法令などであっても、その制定に当たって国民の意見を聴く手続が整備されたのです。

この行政手続法の改正を受けて、それぞれの自治体でも、首長の規則などの制定に当たってのパブリックコメント手続が導入されました。また、自治基本条例や住民参加条例が多くの自治体で制定され、重要な政策の決定に当たって、住民参加の手法をとることが規定されています。この手法には、パブリックコメント手続のほか、公聴会、アンケート、政策提言などがあります。首長側のこうした住民参加のしくみは、議会には直接及びませんが、議会にも住民参加を求める声が大きくなるのは自然のことといえます。

❖議会における住民参加

一部に反対する議員がいることは事実ですが、議会にとっても住民参加を受け入れるメリットがあります。2章1節でも触れますが、議員定数が減った議会が多くあり、こうした議会では、住民の意見を十分把握するのが難しくなっています。また、議員の構成に偏りがあることも、住民参加の必要性の根拠となります。総務省の「地方公共団体の議会の議員及び長の所属党派別人員調等（平成26年12月31日現在）」によると、都道府県議会議員のうち女性議員が占める割合は8・9パーセントであり、市区町村議会議員のそれは12・0％にすぎません。また、現在の法制下では、実質的に、幅広い住民層から議員が選ばれるしくみとはなっていません。サラリーマンが議員になりたくとも、議員である間の休職制度は法的に整備されていないのです。公務員が議員に立候補すると失職する規定もあります。こうしたことから、彼らが仕事を投げ出して立候補することは考えにくく、結果として自営業者や退職者の男性を中心とする層が議員になるという状況ができあがっています。ですから、議会が住民の代表であるためには、住民参加は欠くことのできないものなのです。

❖説明責任の意味

議会における住民参加は、いくつもの方法で行われています。すでにお話しした議会報告会もそのひとつですし、請願者や陳情者の委員会での意見陳述もそうでしょう。また、議員提案条例についてのパブリックコメント手続もこの例に挙げることができます。特に議案に関する住民参加は、議会審議の「川上」にまでさかのぼる傾向があります。たとえば、議会での審議において、参考人として住民が意見を述べる場面があるでしょう。これは地方自治法で定められた手法のひとつです。ところが、議員提案条例についてのパブリックコメント手続は、議案の作成段階で住民の意見を聴き、それを反映しようとするものです。また、四日市市議会など、首長側が条例案などを提出した際に、住民の意見を求める議会も現れています。住民の意見を踏まえて、条例案などの審議に臨もうというわけです。このように、住民参加が非常に早い段階から行われるようになっています。ただ、それに伴って議会として注意しなければならないことがあります。

まず、早い段階であっても惜しむことなく議会の有する情報を提供することです。意見を求めていながら情報を制限することは、「意見を求めたという実績だけ残したいのだろう」――とかえって非難の的になるからです。四日市市議会でも、単に条例案などだけでなく、簡単な説明資料をホームページ上で提供しています。

もうひとつは、議会が住民に対して「説明責任」を果たす覚悟を持つことです。どんなに早い段階から議会が情報を提供して住民参加を求めようが、審議するのは議会ですし、最終的な判断は議会がするしかありません。住民からすれば、早くからタッチすればするほど、自分の意見を取り入れてもらいたいという気持ちが強くなります。「議会に意見を言ったが尊重されていない」という住民の不満は、この点から生じるのでしょう。

「議会は説明責任が大事だよ」――そう言われるのはそのためなのです。たとえ自分の意見が通らなくとも、議論の過程が明らかになれば、納得してくれる人もいるはずです。いろいろな意見があったなか、どういう議論をして、最終的に議会はどう判断したのか、その過程を住民に説明することが必要なのです。もし、意見を求めておいて、議会内の議論などの説明がないなら、住民は議会から離れていきます。もはや、住民は議会に力を貸そうとしなくなるでしょう。住民の信頼を失うことは、議会の力を失うことでもあるのです。

第2章

法律上の使命とのズレ

1 自由化された議員定数の〝適正数〟とは

減数条例の制定をめぐっては、議会内の党派的な戦術がからむ場合もある。一般に地元の支持が固いとか選挙資金の当てがあるとか、比較的選挙に強い議員たちの集団は定数減を行っても一挙に半減させるというような案でなければ、次の一般選挙で落ちる心配が少ない。これに対して、集票基盤が弱く、選挙資金も少ない議員たちの集団は減数の中に自分たちが入り落選する不安が強まる。そこで、減数条例の審議ともなれば削減自体と削減数をめぐって紛糾しやすい。前者の集団が議会多数派で減数すれば、その結果は、そうした議員の固定が進み、新人の当選がむずかしくなる。

——日経グローカル編『地方議会改革マニフェスト』（日本経済新聞社　2009年）233頁

❖「定数を減らせ」の声と議員定数の歴史

どの地域の住民からもよく聞こえてくるのが「議員定数を減らせ！」の声。政治に無関心の住民が「お決まりの指摘」としていう場合ならともかく、地域で活躍する住民の口からもそうした意見が聞かれることもあります。議員にとっては、何より厳しい批判ですが、本当に、議員の数は多すぎるのでしょうか？　また、そもそも適正な議員定数というものはあるのでしょうか？　ここではそれを考えてみようと思います。

地方自治法は自治体議会の議員定数について、「条例で定める」とだけ規定しています（90条1項、91条1項）。平成23年に地方自治法が改正され、議員定数は条例で自由に定めることができるようになりました。それまでは、人口段階別に議員定数の上限が定められていました。「人口2千人未満の町村　12人」などのようにです。それぞれの自治体はこの上限を超えない範囲で議員定数を条例で定めていたのです。さらに古くは、人口段階別に議員定数が定められており、「条例で特にこれを減少することができる」ものとされていました。

つまり、法律は少しずつ議員定数を条例に任せていったといえます。現在では、議員定数はその自治体の住民が決めるものといってもいいのです。

❖定数減と住民による補完の関係

「議員定数が多すぎる」。住民が議会の役割を理解した上でそういうなら、それはそれで正しいということになります。ただ、議員を減らしたことで得られるメリットが議員報酬額というわかりやすい形で表されることに比べて、そのデメリットは、住民の目にはわかりにくいものです。

まず、デメリットとして思いつくのが、行政の問題点を拾いあげる力と審議力の低下です。また、議員どうしが討議できている議会なら当然、その討議も薄くなります。「少数精鋭」などという言葉が世の中にはありますが、多分に「痩せ我慢」の意味が込められています。もし、このデメリットを理解した上で「議員定数を減らしたい」と住民がいうのなら、議員を減らした分は、住民の働きでカバーしなくてはなりません。廣瀬克哉・自治体議会改革フォーラム編『議会改革白書　2015年版』第5章によると、「議案への意見」や「議員との共同検討」を行う「議会モニター・サポーター」制度が導入されている議会をみることができます。登別市、北海道芽室町、長野県飯綱町、佐伯市がそれです。議決そのものに加わることはできなくとも、情報を集めたり、討議する機能を住民が補完することは可能でしょう。

ただ、議員定数がある水準を下回ると政治的な面でのマイナスも現れてきます。冒頭に引用した本では、「議員の顔ぶれが固定する」といった現象を指摘しています。立候補者が議員定数に満たないからと議員定数を少なくしたら、議員を送り出せなくなった集落が増えて、ますます議会への関心が失われたという話を聞いたことがあります。こうなると、議員定数の減少がマイナスのサイクルを回す引き金になりかねません。

❖町村総会、そして町村総会〝みたいなもの〟

町村の場合には、住民が覚悟を持って「議会はいらない」と言うなら、それも可能です。「町村総会」に代える方法があるからです。地方自治法94条は「議会を置かず、選挙権を有する者の総会を設けることができる」と規定しています。

松本英昭著『逐条地方自治法　第8次改訂版』（学陽書房　2015年）によると、「地方自治法施行後においては、東京都八丈支庁管内宇津木村（当時人口六一人）にその例があったが、町村合併により八丈町の一部となり、現在は町村総会の例は存しない」（358頁）とあります。「町村総会なんて、今や歴史遺産」などと思うのは間違いです。鳥取県智頭《ちづ》町の行財政審議会答申（2010年9月3日）では、「本会議中心として、議員定数を削減しながら、従来の委員会を恒常的な住民参加組織に改編し、そこで議員と住民が実質的な討議を行い、それを踏まえて議員が最終的な議決を行うことも想定できます」と述べています。この延長線上にあるのは、まさしく「町村総会」といえます。

もう15年も前になりますが、著者は、スイスのグラールス州の州民集会（ランツゲマインデ）の事務局を調査したことがあります。日本の町村総会のようなものですが、「議案の提出などの面で不安があるのではないか」と事務局長に当たる人に尋ねました。すると、「どうしてそんなことを心配するのか？」と言わんばかりの顔をされました。いわゆる条例案などは、住民団体が州民を手伝って「そこそこのもの」として提案されるとのこと。事務局で体裁を整えることもでき、州民にとって、議案の提案はそれほど難しいものではないとのことでした。この話を聞いて、町村総会の可能性を感じたものでした。

議会を廃止しなくとも、議会の下に「住民総会」を開催することは、小規模自治体なら可能かもしれません。住民のなかからは、法令や財務の専門家もファシリテーター（会議の調整・促進役）もいるでしょうから、回数を重ねれば、ある程度は開催のノウハウも蓄積され、議案に近い形で住民の意思を形作ることができることでしょう。議会事務局がそれを正式な議案の形にして、議員提案として提出するというのはどうでしょう。もともと、地方自治法は、直接請求や町村総会などの直接民主主義の要素を取り入れているのですから、こうした運営を受け入れる素地があるはずです。

❖議員定数の基準

少し将来の夢をみました。「住民の力で議会を補完する」ことは必要として、現在、そうした状況にまで至っていない議会を前提とすると、議員定数はどのぐらいが適正なのでしょうか。

議員定数は、沖縄県北大東村議会の5名から東京都議会の127名まで、実に様々です。それぞれの自治体が決めるといっても、何らかの基準がないと難しいものです。

山梨学院大学の江藤俊昭教授は、『自治体議会学　議会改革の実践手法』（ぎょうせい　2012）のなかで、「著者は委員会主義を採用する場合、一委員会には少なくとも7～8名は必要であり、本会議中心主義を採用する場合には、少なくとも10人程度が必要であるという試論を展開してきた」（162頁）と述べています。また、「所沢市議会議員定数のあり方に関する審議会」（会長　法政大学・廣瀬克哉教授）では、「現行の9人の委員で構成する4常任委員会体制を維持していくことが望ましい。また、議長は、実質的に委員会審査に参加しないことが慣例であることから、あるべき議員定数を37人とする」としながらも、「当面の情勢下の政治的な判断として定数減を行う場合には、1委員会8人、議長を加えた33人を下限とすることが望ましい」との答申（2012・11・29）をまとめています（概要）。最低限の討議ができる7～9名に常任委員会数を掛けて、それに議長を加えた人数がひとつの目安になりそうです。

平成24年3月、神奈川県は議員定数条例を改正し、議員数を107名から105名へと変更しました。1委員会の委員を13名とした上で、8常任員会で104名、これに議長を加えた105名を議員定数の根拠としました。あるべき定数については、「委員会の委員数×常任委員会数」というのがひとつのスタンダードとなりつつあるようです。

❖議員定数への議会の姿勢

法律上、自治体議会の定数は条例で自由に定められることになりました。議会においては、その趣旨を踏まえて議員の定数を議論しなくてはなりません。しかし、「議員定数は何人が適正だと思いますか?」などと住民に丸投げして意見を求めるやり方は感心できません。議員報酬の問題同様に、議会として適正な人数とその根拠を住民に示して意見を聴く必要があるでしょう。議会として、十分な審議ができないと思われる人数を住民が主張する場合もあるでしょうが、その場合には住民による補完を逆提案してみましょう。

「少々人数を減らして」などと凌ぎたくなるのを我慢して、堂々と住民と議論する。報酬同様、こうした方法でしか住民とのズレを埋める方法はありません。

2 さぼっている？　さぼっていない？　議会の権能とは

府県、市町村等の地方公共団体もまた法人であるから、そのために意思を決定する意思決定機関と、その決定せられた意思を執行する意思執行機関がなければならない。地方議会即ち府県及び市町村等の議会は、これらの団体の意思決定機関であり、府県知事、市町村長等は、これらの団体の意思執行機関である。憲法第93条は、地方公共団体は、「議事機関」として議会を設置する旨を規定しており、意思決定機関という語を用いていないが、議事機関という語は、合議制の意思決定機関という意味であり、諮問機関というような語に相対する言葉である。

――鈴木俊一『新地方議会の運営――都道府県市町村議会――』（時事通信社　１９４８年）11頁

❖自治体議会はさぼっているのか

「自治体議会はさぼっている！」。そんな声が市民やマスコミから聞こえてくることがあります。そうした根拠としてよく言われるのが「ほとんど条例を作っていない」ということです。たとえば、全国の市町村における、市長や知事が提出する条例（首長提案条例）数と議員提案条例数は、次の表のようになっています。議員提出と委員会提出とを合わせたものが議員提案条例です（図５）。

「やはり、自治体議会はさぼっている」――そう言いたくなりますが、この数字を眺める際に考えなければならないことがあります。それは、条例案提出における役割分担のようなものです。地方自治法２４４条の２第１項は、公民館、スポーツセンター、公園などの「公の施設」についての設置や管理について、条例を定めて行うものとしています。公の施設が住民にとってそれだけ重要な施設であるということなのですが、新しく公の施設を設置する場合や指定管理者を導入する場合はもちろん、施設の名称や所在地に変更があるときでも、条例の改正が必要となります。また、条例案のうち意外に多いのが、法改正に伴う条例改正です。こうした条例は、普通、首長提案条例となります。ですから、首長提案条例数と議員提案条例案数を単純に比較はできません。「政策的内容を含んだ条例がどれだけあるか」を比較しなければならないでしょう。

図５　提案者別提出条例案数調べ

	市議会（813市）	町村議会（928町村）
首長提出	31,875	22,957
議員提出	910	461
委員会提出	325	138

全国市議会議長会「市議会の活動に関する実態調査結果　26年中」及び全国町村議会議長会「町村議会実態調査結果の概要」（平27・7・1現在）を基に作成

ただ、そうではあっても、市で年に１本平均、町村では年に２分の１本平均という議員提案条例数は、やはり少ないと言わざるを得ません。衆議院では内閣提出法案の２～３割、参議院でも１～２割程度の本数の議員提出法案（委員会提出法案を含む）があるからです。

ここでは、法律上、自治体議会に期待されている役割と住民の思いとのズレを明らかにした上で、議員提案条例が置かれている状況を考えていくことにしようと思います。

❖自治体議会の役割とは何か？

憲法93条１項には「地方公共団体には、法律の定めるところにより、その議事機関として議会を設置する」とあります。国会の役割について、憲法41条は「国の唯一の立法機関である」としていますが、これに比べて、自治体議会の役割ははっきりしないところがあります。多くの住民が思うように、自治体議会も「立法機関」だとすれば、自ら条例案を起案しないのは「さぼっている」といえるでしょう。

議事機関の意味について、地方自治法が施行された直後の昭和23（1

948）年に出版された解説書では、冒頭の引用文のように説明されています。「執行機関」ではないということ、「自治体の意思を決定する機関」という意味が、この議事機関に込められているようです。具体的に議会が議決すべき事項については、地方自治法96条1項に規定があります。

⊙地方自治法

第96条　普通地方公共団体の議会は、次に掲げる事件を議決しなければならない。

一　条例を設け又は改廃すること。

二　予算を定めること。

三　決算を認定すること。

四　法律又はこれに基づく政令に規定するものを除くほか、地方税の賦課徴収又は分担金、使用料、加入金若しくは手数料の徴収に関すること。

五　その種類及び金額について政令で定める基準に従い条例で定める契約を締結すること。

六〜九　（略）

十　法律若しくはこれに基づく政令又は条例に特別の定めがある場合を除くほか、権利を放棄すること。

十一　（略）
十二　普通地方公共団体がその当事者である審査請求その他の不服申立て、訴えの提起（中略）、和解（中略）、あっせん、調停及び仲裁に関すること。
十三～十五　（略）
2　（略）

地方自治法96条1項には、条例の制定・改廃、予算を定めること、決算を認定することといった、よく知られた議会の権限が並んでいます。それ以外にも、自治体が一定の契約を締結したり、権利を放棄したり、訴えの提起に関することなどに関する議決が規定されています。こうしたことの多くは、本来なら行政の執行に属することです。しかし、地方自治法は、議会の議決があってはじめて完結するものとしています。

さらに、同法96条2項では、議会の議決事項を条例で追加できるとしています。このように、本来行政に属するようなことであっても、議会の議決を必要としたり、議決を求めることができるようにしているところが、国とは異なるところです。法律上、自治体議会は、「立法」のほかにも、行政に関与する役割が期待されているといえるのです。

✣政策立案機能と行政監視機能

そもそも、国会にも自治体議会にも、期待される機能は2つあります。ひとつは「政策立案機能」であり、もうひとつは「行政監視機能」です。政策立案機能は、行政に政策を提言する機能ですが、もちろん、「自ら法律や条例を制定することができる」という力を背景としています。法律や条例を提案することは、究極の意味でこの機能の現れということができます。

一方、行政監視機能ですが、これはあらゆる審議において発揮されます。法律や条例の審議の際にも関連する分野の行政を取り上げて審議することができますし、予算や決算の審議では、ある意味、行政のあらゆる分野のことを俎上《そじょう》に上げることができます。もともと、地方自治法は自治体議会に行政への関与を広く認めているのですから、自治体議会には行政監視機能を広く発揮することが期待されています。地方自治法では、自治体議会に表のような調査権限を与えています（図6）が、こうした権限を見ても、その期待の大きさがわかります。

地方分権改革前、自治体議会は、政策立案機能を十分に発揮できない状況にありました。それは「機関委任事務」が原因でした。この事務は、都道府県の事務の6～7割、市町村の事務の3～4割を占め、知事や市町村長を国の機関として行わせる事務です。国の事務ですから、機関委任事務に関しては条例を制定することができず、事務のやり方も国の通達などで事細かく定められていました。議会が政策提案できるのは、機関委任事務以外に限られていたのです。

図6　自治体議会に与えられた主な調査権限

・事務に対する検査権（地方自治法98条1項）
・監査委員に対して監査を請求する権利（同法98条2項）
・100条調査権（同法100条1項）
・委員会における調査や審査（同法109条2項～4項）

ところが、地方分権推進一括法（地方分権の推進を図るための関係法律の整備等に関する法律）が平成12年4月に施行され、機関委任事務は廃止されました。現在では、すべての事務に関して条例を定めることができるようになりましたし、国からの関与も必要最小限のものとされるようになりました。自治体行政の自主性が増えた分、議会が政策立案機能を発揮する余地が広がったといえます。

また、地方分権改革後、地方自治法も政策提案をしやすい法環境を整備してきました。調査研究の費用として政務調査費（現在の政務活動費）を支給する制度ができましたし、議員ばかりでなく委員会も条例案を提出できるようになりました。

こうしたなか、少しずつですが議員提案条例が議会において注目されつつあります。政策立案機能は、行政監視機能と切り離されたものではありません。議会や議員が行政の問題点を指摘していくなかでその解決策が意識され、それを条例として提出する議会が増えてきています。条例の本数はまだまだ少ないのですが、これから制定される条例の内容に注目したいと思います。

3 住民の目を引く議員提出条例の作り方

まず第一に、そもそも議員が条例案を発議しようとする前段階において「立法を裏付ける事業の把握が非常に困難な状況」になっていることである。つまり、住民のニーズが把握しにくいうえに、条例案を「政策体系のどこにどのように位置づけるかの視点が欠けている」のである。さらに、立案のために必要な具体的な資料や情報は、それぞれの執行部局課で掌握されており、執行部は議会への情報提供には消極的であるのが通例である。

――秋葉賢也『地方議会における議員立法』（文芸社　2001年）33頁

❖行政を経験しない自治体議員

前節に続き議員提案条例を取り上げ、期待されるその役割について考えてみたいと思います。

「政策立案機能も行政監視機能の現れのひとつである」――前節でそういいました。市長や知事などの執行部は、行政執行を通じて、行政に対するたくさんの情報、知識、経験を持っています。ところが議会側には、行政を執行する権限がないのですから、行政に関する情報も知識も経験もありません。二元代表制といっても、こうした違いが執行部と議会との間には存在します。

国会は議院内閣制をとっています。与党の議員は、政権を担う一員として、大臣、副大臣、政務官などとして行政経験を積むことができます。しかし、二元代表制をとる自治体議会では、こうしたことはありません。自治体議員が行政を経験することはないのです。

冒頭の引用は、宮城県議会議員（当時）であった秋葉賢也氏の分析ですが、体験を基にして、議員提案条例の難しさを分析しています。2001年に発刊された書籍ではありますが、この指摘は現在の多くの議会にも当てはまります。

議員提案条例を増やすには、「行政に関する情報も知識も経験もない」という状況を、何としてもカバーしなければなりません。

カバーの方法としては、2つ考えられます。ひとつは「広く住民などの知恵を借りる」ということです。解決しない問題は地域にあるのですから、その問題点も解決策の糸口も、住民が一番よく知っています。さらにいえば、住民のなかにはそれぞれの問題の専門家が必ずいるものです。こうした住民の力を議会の力とすることが大切です。それでも足りないときには、有識者の知恵を借りるしくみもあります。

もうひとつの解決策は、議会が行政に近づくことです。確かに、自治体議会は議院内閣制をとっているわけでもありませんし、行政の執行権限もありません。しかし、前節でお話ししたように、議事機関として様々な行政に関わることができる「しくみ」があります。これをうまく使うことにより、行政の問題点を拾いあげつつ、行政に関する情報や知識を積み重ねることができます。つまり、議員提案条例は行政監視権の延長線上にあるといえるわけです。

議会基本条例では、次のような規定がよく見られます。政策決定過程の情報を求めるものですが、真剣に行政監視権を行使し、政策立案をしようと考えた議会ならではの要求ということができます。

◉栗山町議会基本条例

（町長による政策等の形成過程の説明）

第6条　町長は、議会に計画、政策、施策、事業等（以下「政策等」という。）を提案するときは、政策等の水準を高めるため、次に掲げる政策等の決定過程を説明するよう努めなければならない。

(1)　政策等の発生源
(2)　検討した他の政策案等の内容
(3)　他の自治体の類似する政策との比較検討
(4)　総合計画における根拠又は位置づけ
(5)　関係ある法令及び条例等
(6)　政策等の実施にかかわる財源措置
(7)　将来にわたる政策等のコスト計算

２　（略）

❖見栄えのしない幕の内弁当にアクセントを加える

執行部は行政の情報、知識、経験が豊富です。しかし、パーフェクトに行政を行うことができているかといえば、そんなことはありません。というのは、執行部側には大きな弱点というべきものがあります。首長がマニフェストなどで掲げた分野を除き、「政策がバランスで成り立っている」ということです。いろいろと検討をしますが、これまでの経緯を踏まえ、様々な利害を調整した上で政策が作られます。すると最終的には、ポイントがハッキリしない政策が作られやすいのです。さらに、国の法律解釈や前例に従って対応しようとしますから、少し時代遅れにもなります。極端な言い方をすると、執行部の政策は「あまり見栄えのしない幕の内弁当」のようなものになりかねないのです。焼き魚もある、卵焼きもある、きんぴらごぼうもある、お漬物もある、しかし、今ひとつ手が伸びない幕の内弁当のようなものです。

議員提案条例は、見栄えのしない幕の内弁当に少しアクセントを加えるイメージです。今、住民が必要としていることは何か、という点から首長提案の条例案に修正を加えたり、新たな提案を行うことが求められています。執行部側が、必要性を感じながらも対応を先延ばししている場合もあるでしょう。これまでの行政対応から大きく舵を切ることを躊躇《ちゅうちょ》している場合もあるでしょう。そうしたときこそ、議会の出番なのです。

❖産業振興分野の議員提案条例

ここ数年、「乾杯条例」の制定が全国的に広がりましたが、議員提案条例として成立したものもたくさんあります。乾杯条例は、京都市で地元の清酒での乾杯を奨励する条例として生まれました。乾杯条例は、対象を焼酎やワイン、そして、お茶やミルクなど様々な飲み物に広げながら、各地で定められました。そればかりか、今や「有田焼の酒器による乾杯を促進する条例（佐賀県有田町）」、「みなべ町紀州南高梅使用のおにぎり及び梅干しの普及に関する条例（和歌山県みなべ町）」といった条例まで制定されています。

◉京都市清酒の普及の促進に関する条例

（目的）

第1条　この条例は、本市の伝統産業である清酒（以下「清酒」という。）による乾杯の習慣を広めることにより、清酒の普及を通した日本文化への理解の促進に寄与することを目的とする。

乾杯条例は産業振興条例のひとつです。今やよほど「衝撃的」な内容でないと効果は小さいのですが、当初は、条例を制定することで地元のブランド名産物をアピールすることができました。「わが市には、Aという特産品もあれば、Bという名物もある」――産業振興では、あれもこれもとなりがちですが、一番アピールできる特産品に絞らなければ、条例としてインパクトがありません。このあたりが、議員提案条例として「乾杯条例」が作られた理由なのでしょう。入門編の議員提案条例としてはふさわしい条例といえます。

ただ、議員提案条例に慣れたなら、もう少し政策的な内容を盛りたいものです。

産業振興分野の議員提案条例といえば、次の「相模原市がんばる中小企業を応援する条例」もそのひとつです。8条では、市としての中小企業政策の基本方針が定められています。もちろん、これまでも執行部側は中小企業政策を実施してきたわけですが、そうした施策を踏まえて、施策の視点や優先順位を議会が明らかにしたところに意味があります。

◉相模原市がんばる中小企業を応援する条例

（施策の基本方針）
第8条　市は、中小企業の振興に関する施策の策定及び実施に当たっては、この条例の趣旨にのっとり、次に掲げる事項を基本として行うものとする。
(1)　中小企業者の経営の革新及び創業を促進するための施策を推進すること。
(2)　中小企業者の製品の販路拡大及び新技術等を利用した事業活動の促進を図ること。
(3)〜(9)　（略）
2　（略）

✣予算調製権と議員提案条例

単なる理念条例でない政策条例が議員提案されるようになると、いくつかの壁が立ちはだかります。そうした壁のなかで、あたかも法制的な壁であるかのように語られ、せっかくの議会の意気込みを委縮させるのが「予算調製権は首長にある」というものです。予算編成のことを自治体では「予算調製」と表現しますが、予算を伴う条例案を提出することが首長の予算調製権を侵し提出できないのではないか？――議員のなかにもそうした主張をする者がいます。しかし、これは大きな誤りです。地方自治法には、予算を伴う条例案を提出できないとは書かれていません。

こうした「誤解」を生じさせるのは、地方自治法に次のような規定があるからでしょう。

⦿地方自治法

第97条　（略）

2　議会は、予算について、増額してこれを議決することを妨げない。但し、普通地方公共団体の長の予算の提出の権限を侵すことはできない。

（予算を伴う条例、規則等についての制限）

第222条　普通地方公共団体の長は、条例その他議会の議決を要すべき案件があらたに予算を伴うこととなるものであるときは、必要な予算上の措置が適確に講ぜられる見込みが得られるまでの間は、これを議会に提出してはならない。

2　（略）

97条2項には、予算の増額議決に当たって「普通地方公共団体の長の予算の提出の権限を侵すことはできない」とあります。また、222条1項には、長は「必要な予算上の措置が適確に講ぜられる見込みが得られるまでの間は、これを議会に提出してはならない」とあります。97条2項は予算の話です。また、222条1項は長の提出議案についての規定であり、議員提案条例を対象としたものではありません。せいぜい言えることは、予算の当てのない条例案は好ましいものとはいえず、地方自治法222条1項の趣旨を踏まえて、議員提出条例案であっても、予算につき執行部と十分調整して提出することが望ましいということです。なお、同じ趣旨の行政実例が、当時の自治庁から出ています。行政実例というのは、自治体の質問に答える形で示された政府の解釈のことです。そうはいっても、予算につき執行部のお墨付きを得ないと条例案を提出することができないということではありません。この点だけはハッキリさせておかなければなりません。

4 予算・決算に積極的に関与していく手法とは

予算決算特別委員会の改革の発端は、予算を各常任委員会に分割付託しているが、議案一体の原則から問題ではないかという意識からでした。行政実例では、条例案の分割付託は「できないものと解する」、「予算は不可分であって、委員会としての最終的審査は１つの委員会において行うべく、２以上の委員会で分割審査すべきものではない」として、分割付託を認めていません。（中略）このように関係常任委員会に予算を分割付託する方法は、議案一体の原則に反し、委員会での修正ができないという欠点があります。

――三重県議会編著『三重県議会――その改革の軌跡』（公人の友社　２００９年）１６６頁

❖整っていなかった予算・決算審議の舞台

現在では、議会改革のトップランナーの三重県議会です。しかし、20年ほど前までは、予算・決算の審査体制が十分なものとはいえませんでした。平成8年度までは、予算委員会を置かず各常任委員会に分割付託して審査を行っていたのです。また、決算特別委員会はあったものの、委員定数はわずか10名または11名といったものでした。

議会は予算の議決をし、決算の認定をする権限をもっています。ただ、限界があります。そもそも予算を調製し、議会に提出するのは、首長の権限です。議会は予算を調製できません。自治体の歳入歳出予算は「款・項・目・節」に区分されていますが、そのうち、議会における議決の対象は、大きな区分である「款・項」までです。細かい部分は議決対象となっていません。さらに、議会が予算を増額修正しようにも、地方自治法97条2項の規定があり、「長の予算の提出の権限を侵すことはできない」と定められています。

そんなことから、予算審議は一般質問と同様に、各会派や各議員の見識をアピールする場となっている趣があります。議会として新たな提案をするというよりも、行政を批判し、それぞれの議員が自らをアピールする場となっているといえば、少し言いすぎになるでしょうか。さすがに大規模自治体では、分野別の予算審議の必要性が意識されており、その方法が冒頭に挙げた「各常任委員会に分割付託する」というものでした。

ただ、議案が分割できないことは議会の常識です。だいたい、分割付託をした場合、委員会間で予算への態度が異なったり、一部の委員会が予算を修正すべきものとした場合には、実務的にどう対応することになるのでしょう。そもそも、予算の分割付託は、予算を修正なく可決することを前提としたものだったのです。

✣予算審査の役割

予算審議は、その自治体の行政をお金の面で民主的にコントロールしようとするものです。議会が「うん」と言わない限り予算が成立しませんので、執行部側からすれば、予算審議にはたいへん神経を使います。だからこそ、予算審議において執行部側は様々な情報を議会に出してくれますし、議会側が行政に要望を伝えるチャンスともなるのです。

議員のなかには、予算委員会を「国会の予算委員会」のように勘違いしている者もいます。国会での予算審議は、予算に関することを議論するというよりも、政権与党のゴシップを追及する場のようになっています。議会の多数党が内閣を組織する議院内閣制からすれば、これは仕方がない面もあります。予算委員会では、あらゆる国政上の問題を議論することが可能です。予算委員会は、来たるべき選挙に備えて、現政権の問題点を指摘し、自らの政権運営能力を示す場でもあるのです。しかし、こうしたことは自治体議会にはありません。予算審議を通じて、純枠に住民の福祉を最大限実現する予算を作り上げなければなりません。もちろん、予算審議には注目が集まるでしょうし、来るべき選挙で他の議員に差をつけるためには、ある程度目立たなければならない事情もあるでしょう。ただ、そうした事情を執行部側に利用されている面もあります。というのは、自治体議会によっては、予算編成に先立って会派ごとに要望を受けたり、予算審議に先立って会派ごとに説明を行ったりしているところがあるのです。首長に近い会派の要望には手厚く対応しますし、説明もていねいに行われます。会派や議員によっては、こうした実績をホームページで高らかに掲載していたりします。ときには、予算審議でのやりとりは、こうした要望と約束の「なぞり書き」として行われることさえあります。「執行部側に利用されている」といいましたが、これこそ、議会を会派や個々の議員で分断し、予算を無傷で成立させる作戦なのです。議会がひとつになって、予算の執行に要望をしたり、修正したりすることを回避することができるからです。

予算に関する議会の権限は、本来住民のために大きな影響力を発揮することができるのに、会派や議員の小さな手柄に置き換えられているわけです。会派や個々の議員の要望を否定するわけではありません。しかし、まずは議会としてひとつにまとまって、要望や修正を行う必要があるでしょう。

❖決算審議を活かす

議会全体がまとまって予算審議に当たること、ただ、これには技術的に難しい部分があります。まず、予算審議の焦点をどのように絞るかです。会派や各議員の関心事のほかに、議会としての関心テーマを持ちたいものです。この関心テーマを選ぶに当たって有効なのが「決算審議を活かす」ということです。決算審議に当たっては、執行部側が行っている行政評価（どの程度政策の目的が達成されているかの評価）や事務事業評価（それぞれの事業の有効性）などを踏まえて、重点項目を絞り、議会として評価を行う方法がよいでしょう。結果として決算は認定するにしても、事業のうちで見つかった問題点と改善策を首長に政策提案できれば、決算審議はさらに意味のあるものになります。

事務事業評価というと、行政のリストラのためのものというイメージがありますが、議会の行政監視機能のベースとしても有用です。さらにいえば、政策立案機能のためにも大いに役立ちます。事務事業評価などを踏まえた決算認定を何度も繰り返すうちに、行政への議会の理解は「点から線へ、そして面へ」と広がります。さらに、議会の指摘した問題点や政策提言がどのように予算や法的整備に反映しているかを見極めることは、①問題点の発見、②解決策の議論、③予算措置や法的整備といった、政策立案過程の模擬体験をすることにもつながります。こうした経験をしてはじめて、議会が予算や決算の「審議力」を手にすることができます。何年にもわたって事務事業評価などをテコに審議力をアップさせている議会は、多摩市や飯田市などたくさんあります。予算と決算を同じ委員会で扱う予算決算常任委員会とする意味もここにあります。こうした決算や予算の審議に、議会報告会などで得られた住民の意見を取り入れられれば、さらに議会の役割を果たしたことになります。

❖「予算調製権の壁」を破る

さて、そうしたときに解決しなければならないのが「法制度の壁」です。ただこれも、工夫次第では壁でなくなります。まずは「予算調製権の壁」について考えましょう。「議会が問題点を見つけても思うように予算修正できない」――これが予算調製権の壁です。たしかに、地方自治法97条2項には、増額修正はできても「長の予算の提出の権限を侵すことはできない」とあります。しかし、何が「長の予算の提出の権限を侵す」ことになるのかは、法文上明らかにされていません。それはそれぞれの自治体において判断するわけですから、執行部と議会との力関係で決まるといってもいいでしょう。必要な増額修正は求めるべきで、「ここまでの修正はできないのではないか」――少なくとも議会の側からそのような自制をする必要はないのです。ただ、議決できるのが「款・項」までであることから、予算の修正もこの範囲となります。「目・節」は行政科目とされ、行政に任された部分だからです。それでも、議会が審議に当たって「注文を付ける」ことは可能ですし、予算の修正に当たって、「目」以下の内容を詳述した説明書や参照文書を修正案に添付するという方法もあります。こうすれば、修正のイメージをより的確に執行部に伝えることができます。この手法は、多くの自治体議会ですでに取り入れられています。

また、「長の予算の提出の権限を侵す」とされた場合にも、「組み替え動議」を提出するという方法があります。組み替え動議とは、執行部に予算の出し直しを求める動議のことです。可決したとしても、執行部は法的には拘束されませんが、何もしなければ議会による予算の否決につながりますので、何らかの対応が期待できます。なお、組み替え動議の提案理由説明などでは、組み替えの趣旨や内容を示すことができます。

❖分割付託をしない方法

平成18年の地方自治法改正前は、議員は１つの常任委員会にしか所属することができませんでした。また、全員が何らかの形で予算や決算の審議に参加することが望ましいという思いもあり、予算委員会や決算委員会を置かないで、各常任委員会で事実上審議するという自治体議会もあったようです。

現在の地方自治法では、常任委員会への所属は１つに制限されていませんから、予算や決算を扱う常任委員会を設置しやすくなりました。決算の結果を予算に反映させる点から、予算決算常任委員会とする自治体議会も多くあります。分割付託はともかくとして、それぞれの常任委員会が経験を生かして予算や決算を審議することは、意味のあることです。その場合には、議案を分割するのではなく、各常任委員会を予算委員会などの「分科会」として使えば、この問題はクリアします。もともと国会の手法ですが、すでに多くの自治体議会でも取り入れています。

予算や決算における議会の役割は、たいへん重いものがあります。地方自治法との関係は、議会の工夫次第でいくらでも解決することができます。むしろ、予算や決算への積極的な関与こそ、地方自治法が描いている議会像ともいえるのです。

5　100条調査権の濫用は住民の支持を失う

もし出頭等を要請する必要性が乏しい場合にまで関係人の方に対して出頭等を要請できるものだとすれば、関係人の方に不当な負担を強いるおそれがあります。したがいまして、関係人の出頭等の要請については、その必要があると認めるときに限り行われるべきものであると考えるわけであります。

しかしながら、現行の地方自治法の規定においては、この必要があると認めるときなどの文言がありません。その趣旨が規定上明確でないというふうに考えまして、特に必要があると認めるときという文言を追加することによってこういった趣旨を明確にしようという意図で改正を提案するものであります。

——第１８０回国会衆議院総務委員会（平24・８・７）修正案提案者・橘慶一郎議員発言からの抜粋

❖国政調査権と１００条調査権

地方自治法１００条１項は、その自治体の事務に関する調査として「選挙人その他の関係人の出頭及び証言並びに記録の提出を請求することができる」と規定しています。この議会の調査権限を「１００条調査権」といいます。

国会にも、憲法62条を根拠にして「国政調査権」というものが認められています。シンプルにいえば、１００条調査権は、この国政調査権の自治体議会版なのです。

⦿日本国憲法

第62条　両議院は、各々国政に関する調査を行ひ、これに関して、証人の出頭及び証言並びに記録の提出を要求することができる。

国政調査権は、憲法62条にあるように、正確には国会ではなくそれぞれの「院」に与えられたものです。疑惑解明のために「○○調査特別委員会」が置かれ、証人喚問などが行わることがありますが、あれこそ国政調査権の表れです。証人喚問の手続などや罰則は、議院証言法（議院における証人の宣誓及び証言等に関する法律）に定められています。「国政調査権は何のためにあるのか」ということに関しては、昔から議論があります。ひとつの考え方は、立法、予算の

図７　100 条委員会に関する罰則

虚偽の陳述をしたとき	⇒３月以上５年以下の禁錮
正当な理由がないのに議会に出頭しなかったり、証言を拒否などした場合	⇒６月以下の禁錮または10 万円以下の罰金

議決、行政の監視などの権能とは別に与えられた権能であるとするものです。国会は国民を代表する機関なのだから強い調査権が与えられたとする考え方です。しかし、三権分立との関係でも少し説明が難しいことから、一般的には、国会の権能を十分に発揮するための補助的な権能として与えられたものと考えられています。つまり、立法、予算の議決、行政の監視などのために、必要な場合に認められると考えられているのです。１００条調査権の性格も、自治体議会がその役割を十分果たすためのものと考えることができます。ただ、国政調査権における議院証言法のような法律はなく、地方自治法１００条１項から11項までにその手続や罰則が規定されています。

❖１００条調査権と１００条委員会

１００条調査権は、議会の権限です。ただ実際には、議会から委任（付託）を受けた委員会が行使します。この委員会を「１００条委員会」といいます。１００条調査権を行使する委員会という意味です。１００条委員会の特徴は、強い調査権限です。議会外に出て行って関係書類を直接検査することはできませんが、虚偽の陳述などに、図７のような罰則があります。その分、真実に近づくことができます。証人となったら、正当な理由がない限り、出頭して、証言しなければなりません。

こうした100条委員会ですが、利用する自治体議会が増えるにつけ、いろいろな問題が生じています。厳しく言えば、大きな権限を与えられている意味を忘れて、権限を濫用《らんよう》している議会もみられるようになったのです。

特定の議員（会派）や首長を狙った政治的なキャンペーンと疑われるもの、人権を顧みない恫喝《どうかつ》型の証人喚問や、確たる証拠なく行われる「決めつけ型」の証人喚問が行われるのを目にすることがあります。また、無用に長期化させたり、委任権限を超えて審議が行われる100条委員会もあります。こうした100条委員会では、全く真実の発見に役立ちませんし、実のある提案を期待することもできません。

こうしたことは、ある程度想定されていたようです。都道府県議会会議規則などの制定に関わり、自治体議会の基礎作りに尽力した西澤哲四郎氏（元衆議院法制局長）は、ある書籍で次のように述べています。少し長くなりますが引用します。

「法律によって強制力を付与された調査権を議会が行使するに当たっては、慎重であるべきは当然で、必要最小限にとどめるべきである。議会は、検察庁でもなければ、裁判所でもない。議会に調査権が与えられているのは、決して罪をあばくためのものでもない。また、反対政党の内情暴露のために与えられたものでもない。調査権を政争のために利用したり、また、個人的利害関係に利用するようなことは許されない。

議会に調査権が与えられているのは、執行機関が当該地方公共団体の利益向上のためにその事務を遂行しているか、住民の福祉増進のため適切な措置をとっているか等について、実情を把握し、もし、そのような目的達成のために妨げになるようなことが行なわれているならば、その原因はどこにあるかを発見し、その原因を除去するにはいかなる方法を将来とればよいかということを検討するためのものである。過去の失政を糾弾して、その責任の追及のみに終わるのが調査権の目的ではない。責任を明らかにすることも必要ではあるが、さらに一歩前進して、そのような失政の行なわれた原因をつかみ、いかにすればその原因を除くことができるかについて議会の英知を結集して、前向きの議論を得るところに議会の調査権の真の目的があることを信じて疑わない」（西澤哲四郎『地方議会の運営Ⅰ』（教育出版　１９７０年）２１０頁）。

❖地方自治法改正

昨今の１００条調査権の使われ方が国会でも問題となり、平成24年、地方自治法の１００条委員会に関する規定が改正されました。１００条委員会に関する部分は、議員の修正により行われましたが、その内容は、図８のようなものです。冒頭の引用は、その際の修正案提出議員

図8　平成24年改正地方自治法の内容

改正後	改正前
第100条　普通地方公共団体の議会は、当該普通地方公共団体の事務（略）に関する調査を行うことができる。この場合において、当該調査を行うため特に必要があると認めるときは、選挙人その他の関係人の出頭及び証言並びに記録の提出を請求することができる。（以下略）	第100条　普通地方公共団体の議会は、当該普通地方公共団体の事務（略）に関する調査を行い、選挙人その他の関係人の出頭及び証言並びに記録の提出を請求することができる。（以下略）

の発言です。100条調査権の濫用を問題にしていることがわかります。

法律により議会に与えられた権限は与えられた目的に従って行使すべきです。その感覚を失った議会は、住民の支持も失うことになります。さらには、国との関係で「自治」も失う結果になるかもしれません。議会が「政治的な場所」であっても、それは言い訳にはならないのです。

6　使いやすい公聴会・参考人手続を設計しよう

●公聴会及び参考人招致の積極活用、参考人制度の手続の簡素化
委員会審査の参考とするための公聴会、参考人招致については、どちらも現行の制度の趣旨をしっかりと認識したうえで、積極活用に向けて取り組んでいくこととしました。また、参考人制度については、議長への事前通告を省略することによって手続の簡素化を図ることとしました。

——京都市会ホームページ「市会改革推進委員会活動報告書」から

✣気持ちに嘘はありません

「今年こそお会いしましょう！」——お互い、年賀状にそう書き続ける古い友人がいます。な

かなか実現できませんが、会いたいという気持ちに嘘はありません。物理的な距離と仕事の忙しさがそれを阻んでいるのです。

こうした「気持ち先行」の規定が、各地の議会基本条例にも見られます。「参考人や公聴会の活用」の規定も、そのひとつです。多くの自治体の議会基本条例には、栗山町と同様に、参考人や公聴会の活用に関する規定が定められています。

⦿栗山議会基本条例

（町民参加及び町民との連携）

第4条　1・2（略）

3　議会は、本会議、常任委員会、特別委員会等の運営に当たり、参考人制度及び公聴会制度を十分に活用して、町民の専門的又は政策的識見等を議会の討議に反映させるものとする。

4～9（略）

自治体議会改革フォーラムが実施した「全国自治体議会の運営に関する実態調査2015」によると、調査対象の1557議会のうち、2014年中に参考人を招致した議会は271議会（17・４％）。公聴会に至っては、開催議会が6議会（０・４％）しかありません。参考人も公聴会も、地方自治法上に根拠規定があります。しかも、利用を見込んで、平成24年の地方自治法改正で、委員会ばかりでなく本会議においても、公聴会を開催し、参考人を招致することができるようになりました。法律上に明確な根拠があり、しかも、条例で活用を宣言しながら、いまひとつ利用に結び付いていません。そのズレの原因と解決策を探ってみたいと思います。

❖公聴会・参考人招致の手続

公聴会とは、本会議や委員会で議案や請願などについて「真に利害関係を有する者又は学識経験を有する者等から意見を聴く」（地方自治法115条の2第1項）場のことです。全国市議会議長会が、全国の市の委員会条例のモデル（標準市議会委員会条例）を示していますが、それによると、公聴会は、次のような手続で開催されます。

①委員会が公聴会開催につき議長の承認を得る。
②議長が日時や場所などを公示する。
③公聴会で意見を述べたい者はその理由と案件への賛否を委員会へ申し出る。
④申出のあった者その他の者から公聴会で意見を述べる者（公述人）を定め、議長経由で本人に通知する。

しかも、標準市議会委員会条例には、「あらかじめ申し出た者の中に、その案件に対して、賛成者及び反対者があるときは、一方にかたよらないように公述人を選ばなければならない」との規定もあります。

参考人の招致の手続についてはどうでしょうか。さすがに、賛否両論の参考人をそろえることまでは求めていないものの、委員会の参考人についても、標準市議会委員会条例では、議長から出席を求めることとなっています。また、参考人に日時や場所などを通知するのも、議長が行うこととなっているのです。標準市議会委員会条例では、委員会における参考人も、議長を経由しないと呼べないというしくみになっています。

❖「使いにくさ」の原因と改善策

自治体議会の現場でよく耳にすることは、公聴会や参考人の「使いにくさ」です。

公聴会では、公述人の公募が想定され、応募してきた人の中などから賛否のバランスを考えて、公述人を選ばなければなりません。実務上は、それぞれの会派の意見を聴いた上で、公述人を議会事務局で探すなどして、賛否のバランスを整えることになるでしょう。公聴会は、その性格から「大掛かりなもの」となるのは仕方ありません。ただ、そうはいっても、少しでも使い勝手をよくする努力をしなければなりません。まず、「議長の承認を政争の道具に使わない」「賛否のバランスを厳密にとらえない」などといったルール作りが必要でしょう。さらに、委員会における公聴会の場合には、「議長の承認を得る」ことの必要性も議論しておきたいところです。このあたりのことは、後にお話しすることにしましょう。

次に参考人です。自治体議会における参考人の制度は、平成3年の地方自治法改正において導入されました。その趣旨について、当時の自治省行政局長は、公聴会の手続の煩雑さを引き合いに出した上で、「もう少し簡単な手続で民意を直接聴取する方法があってもいいではないかということで、国会でも参考人の制度が設けられておりますものですから、それと同じようなものを地方議会においても制度としてきちっとおつくりいただいたらどうであろうかと考えた次第でございます」（衆議院地方行政委員会　平3・3・12）と述べています。

「簡単な手続で民意を直接聴取する方法」として参考人制度が定められたのですから、参考人の出席要求や日時などの通知を議長が行うのは、「やりすぎ」の感じがしないでもありません。事実、衆議院では、委員会における参考人の出頭要求は委員長から行っています（参議院では議長が行っています）。

❖議長を手続に関与させる理由

議長の名で、公述人に通知し、参考人を招致する必要性についてよく言われるのが、「外部に対して議会を代表する者は議長である」ということです。なるほど、委員会は議会の内部機関ですから、委員長も、内部的に委員会を代表する存在にすぎません。

もうひとつの理由は、費用弁償の問題です。公述人や参考人には、旅費などを支給しなければなりません。地方自治法案の起草者のひとりといわれる鈴木俊一氏（元内務省地方局行政課長、のちの都知事）は、地方自治法の制定当時、こう述べています。「委員会が公聴会の開催を決定すれば、あらためて議長の承認を得る必要はないと思う。しかし公聴会参加人に対する実費の弁償、その他の関係もあり、議長に開催の日及び案件を通知して置くことが適当であろう」（鈴木俊一『新地方議会の運営』（時事通信社　１９４８年）82頁）。

必ずしも議長の承認は必要ないけれども、議会としての金銭の支払いがあるので、議長への通知が望ましいということなのでしょう。費用弁償については、参考人についても同様ということになります。

❖議会が行うべき改革

こうしたことを踏まえて、実務的にどんな改革ができるか、考えてみましょう。まず、委員会での参考人については、委員会が招致することにしてはどうでしょう。本来の趣旨に従って参考人制度を利用するにはふさわしいように思います。こうしておけば、委員会当日に参考人希望者を受け付けて、委員会冒頭でその日の参考人を決定するということもできるようになります。公聴会にないフレキシビリティこそ、参考人の命なのです。費用弁償の関係があっても、鈴木俊一氏がいうように、参考人を招致することを議長に通知すれば十分です。冒頭の京都市会の改革も、まさにこの考え方に基づくものといえます。

前述したように、公聴会については、その性格から簡単に開催することは難しいように感じます。ただ、委員会での公聴会の開催については、議長の承認は必ずしも必要でないと感じています。公聴会については、衆議院規則・参議院規則においても、議長の承認を得なければならないとされていますが、その理由について、参議院事務局関係者は、こう説明しています。「議長の承認は、（中略）その他のものについては、一般的関心及び目的を有する重要な案件であるか否かを認定するのである」（佐藤吉弘『注解　参議院規則（新版）』（参友会　1994年）123頁）。

国会の場合には、国会法51条1項では「一般的関心及び目的を有する重要な案件について、公聴会を開き」とあるのですが、実際には、衆議院規則、参議院規則でも「議案」審査のために開くものと規定されています。ですから、公聴会の対象が議案かどうかの確認を議会としてする必要があります。それこそが「議長の承認」を必要とした第一の理由だったのです。

その点、自治体議会での公聴会はフレキシブルです。その対象は、「予算その他重要な議案、請願等」とされています。国会以上に対象を広めにとっているのですから、「議長の承認」という名のチェックはあまり必要ないのです。もちろん、公聴会の開催を告示しなければなりませんので、議長に開催を伝える必要はありますが、それ以上の必要はありません。

委員会審議のための公聴会や参考人の手続はできるだけ、現場の委員会が動きやすいように制度設計しなければなりません。議会基本条例に「公聴会や参考人を積極的に利用する」といくら規定しても、魔法の呪文ではないのですから、公聴会や参考人の手続が改善されるわけではありません。「積極的に利用する」というのは、「障害となっているものを見つけ、取り除く努力をする」という意味でもあります。たとえ、標準市議会委員会条例と異なることになっても、委員会条例を改正することを検討しなければならないでしょう。その際、手続の簡素化、特に議長との関係での手続の簡素化が、委員会での公聴会や参考人の利用につながるポイントとなります。

7　ニーズが高まる自治体の附属機関

筆者は、議会基本条例制定当時は、前文に「日本国憲法及び地方自治法の範囲内において、この条例を制定する」と規定している以上、議会が設置する附属機関も地方自治法の範囲内であるから、執行機関のそれと同様の法的扱いをすることが当然であると考えていたが、他の事務局職員はそうではなかったのである。筆者は、条例を整備して、報酬を支給すべきであると主張したが、事務局職員の大多数は、訴訟リスクを回避するため予算計上されている「報償費」で支給すべきであり、特段条例整備の必要はないとの認識であり、筆者の主張が通らなかったのである。

――高沖秀宣『「二元代表制」に惹かれて』（公人の友社　2013年）57頁

❖三重県議会議会基本条例の衝撃

平成18年12月に三重県議会基本条例が定められました。県議会において初めて定められた議会基本条例でしたが、特に注目されたのが「附属機関を設置することができる」とする規定でした。というのも、これまで附属機関というのは、首長などの執行機関にしか置けないと考えられていたからです。地方自治法138条の4第3項にも、「執行機関の附属機関として」とあります。

附属機関というのは、名称は様々ですが、審査や調査などのために置かれる機関のことをいいます。「○○審議会」とか「○○調査会」という名の組織がその附属機関とされるものです。「どのような組織が附属機関に当たるのか?」という問題はありますが、ここでは詳しく触れずに先に進むことにします（議員NAVI42巻・議会コンシェルジュ第13回「議会における審議会」を参考にしてください）。

❖議会における附属機関の必要性

これまでは、「執行機関の附属機関として」との地方自治法の書き方から、議会には附属機関が置けないと解釈されてきました。少なくとも「想定されていない」とされてきたのです。しかし、分権改革後、議会がその役割に目覚めると、議会にも附属機関設置が必要であると認識されるようになってきました。

たとえば、議会の情報公開に関して不服申立ての提起があったとします。この場合には、第三者機関である情報公開審査会へ諮問《しもん》しなければなりません。議会に関する情報公開は、執行部とは別に議会情報公開条例があるのが普通です。開示決定も不服申立てに対する決定も、議長が行うわけですから、この情報公開審査会も議会に置かれるのが自然です。ところが、議会には附属機関を置くことができないとされていることから、情報公開審査会は、執行部側のものを借りるしかありません。たとえ、議会に情報公開審査会を置くにしても、議員で構成した組織にしなければならなくなります。たしかに、議員から構成する場合には、附属機関となりませんが、それでは第三者性が担保できなくなります。

また、議員政治倫理条例に従い提出される資産等報告書の審査や、市民からの調査請求を受けての第三者的な調査を行う組織として、政治倫理審査会があります。また、議会改革について専門的な視点から議会の諮問に答える政治改革審議会など、議会の附属機関として利用したい附属機関はいくつも思い当たります。

❖現行法での対応

現行法において議会が外部の専門的な意見を聴くことができないわけではありません。地方自治法100条の2には「専門的知見の活用」に関する規定があり、有識者に議会として調査を依頼することができます。

◉地方自治法

第100条の2　普通地方公共団体の議会は、議案の審査又は当該普通地方公共団体の事務に関する調査のために必要な専門的事項に係る調査を学識経験を有する者等にさせることができる。

100条の2は、平成18年の地方自治法改正によって追加された条文です。ただ、附属機関の設置の根拠とはなりません。あくまで議案の審査などに関する調査であり、原則として会期中にしか調査できません。また、立場が異なる複数の有識者に議論をしてもらった上で結論をまとめるという形の報告も、難しく感じます。附属機関とは異なり、組織として意見を答申することができないので、あくまで、複数の有識者のそれぞれが調査結果を報告する形になります。運用面でカバーすることはある程度可能ですが、議会としては「附属機関として設置したい」という思いが生じるのは、当然のことでしょう。三重県議会や長崎県議会を始め、数十の自治体の議会基本条例において「附属機関を設置することができる」とする規定が置かれるのには、こうした理由があるのです。

❖国の態度

こうした自治体側の高まりに対して、国は、一貫して冷淡です。かつて、多治見《たじみ》市が国に「議会への附属機関の設置特区」を求めた際、国は、「議会は住民の代表である議員により構成される合議制の議事機関として、自らが多様な意思を反映させて意思決定を行う機関であり、その性格上附属機関の設置はなじまない」と回答しました。

ただ、その後、国会に「東京電力福島原子力発電所事故調査委員会」（根拠は、（旧）東京電力福島原子力発電所事故調査委員会法）が置かれたり、衆議院議長の諮問機関として「衆議院選挙制度に関する調査会」（法的根拠なし）が置かれるなど、状況が変わりました。それでも、自治体議会での附属機関の設置について、国と自治体側とで解釈の異なる状況が続いています。

どちらの解釈が正しいかは、何らかのトラブルが発生し、それに伴い裁判所の判断が下されるまで待つしかありません。しかし、地方自治法２条12項には「地方公共団体に関する法令の規定は、地方自治の本旨に基づいて、かつ、国と地方公共団体との適切な役割分担を踏まえて、これを解釈し、及び運用するようにしなければならない」との規定もあり、行政解釈は、行政の現場に近い者の判断を優先すべきです。

❖本来的な附属機関への道のり

いずれにしても、三重県議会その他の議会では、議会基本条例などの根拠規定が整備されました。こうした議会では、附属機関を設置することに何の障害もなくなったかのように思うかもしれません。しかし、そうでもないのです。議会基本条例に基づき設置された附属機関とされるもののうち、多くの機関が、本来的な附属機関としての条例整備ができていない状態にあります。つまり、正式には附属機関とはいえないままなのです。

本来、附属機関の委員は非常勤の公務員となります。公務員に支払われる金銭は、当然職務の対価である「報酬」となります。「報償金」や「謝礼」ではありません。また、附属機関の委員へ旅費や宿泊費などの「費用弁償」を支給できるように条例改正もしなければなりません。さらに、どの自治体も、非常勤の公務員の公務上の災害などについての補償制度が条例で定められているはずですから、条例改正して議会の附属機関の委員も対象とすることができるよう手当しておかなければなりません。議会基本条例などに基づく附属機関であるといっても、こうした条例整備がなされていないなら、本来的な附属機関ということはできないのです。残念ながら、そうした本来的な附属機関を持つ議会は、北海道福島町議会など限られた議会にとどまっています。

◉福島町議会基本条例に関する諮問会議条例

（設置）

第1条　福島町議会基本条例（中略）第20条の規定に基づく附属機関として、福島町議会基本条例諮問会議（中略）を設置する。その組織及び運営に関しては、この条例の定めるところによる。

（報酬）

第7条　報酬は日額とし報酬額は、3，000円とする。

（費用弁償）

第8条　委員が職務のため旅行するときは、費用弁償として旅費を支給する。

2　前項の規定により支給する旅費の額は、別表のとおりとする。

3　（略）

冒頭に示した『「二元代表制」に惹かれて』の著者の高沖秀宣氏は、三重県議会議会事務局次長として、議会改革を支えてきました。その高沖秀宣氏は、同書で、三重県議会の附属機関は「未完の附属機関」であると述べています。それは附属機関のメンバーに対する身分、待遇上の条例上の整備がいまだなされていないことを示してのことです。

議会基本条例に附属機関のことを書き込んで満足している議会もあります。附属機関を設置しても、関係する条例整備まで届かない議会もあります。議会における附属機関の問題は、条例整備が行われ、いくつもの審議実績を重ねて初めて、「地方自治法の壁を破った」ということができるのです。

8 災害に対して議会ができることとは

執行機関でつくる復興計画も、計画づくりの段階から議会としてきちんと発言することが必要です。東日本大震災以後の動きとしては、議会が復興計画を議決事件に追加するケースが出てきました。議会も復興に責任をもって関わる動きが進んでいます。議会として防災計画をつくり、業務継続計画をつくり、そのもとで議会機能をできるだけ早い段階で回復させ、その機能を維持する。それがこれから基本になると考えています。

――新川達郎「災害時における議会の役割」アカデミアｖｏｌ．１１３　18頁

✣災害に対して議会は何ができるか?

「災害に対して議会は何ができるか?」――東日本大震災後、たくさんの議会でそのことが議

論されました。これまで、執行権のない議会は、行政の対応を黙って見守る存在でした。厳しい状況で対応する執行部側の足を引っ張らないように側面支援をするのが精一杯だったといえます。ところが、「二元代表制の一翼を担う」という自覚が生まれ、災害時にも住民のために役割を果たしたいという思いが、議会のなかに生まれています。札幌市議会のように、議会基本条例に災害時の議会の役割についての規定を設ける自治体議会が出てきたのも、その表れなのでしょう。

◉札幌市議会基本条例
（災害時の議会の役割）
第5条　議会は、災害が発生した場合においては、生活基盤の整備、市民生活の回復等に必要な予算を迅速に決定し、必要に応じて関係機関と連携を図るための組織を設置するなど、災害からの復興に向け積極的な役割を果たすよう取り組むものとする。

ところが、国の法令では、災害に関して自治体議会が果たす役割は、特段規定されていません。災害対策基本法は、自治体に地域防災計画を定めることを規定していますが、これに自治体議会が関与するしくみは、何もありません。また、大規模災害時には地域防災計画に基づい

図９　災害と議会

平時（災害前）	•防災への取組みへの関与 •減災のための国や県などへの要望
発災直後（初動期）	•議員や職員の安否確認 •地域での議員の救援・情報収集
初動期経過後	•執行部の災害対策本部との連携・情報の共有 •議会としての一元的な情報提供
復旧・復興期	•復興計画などへの関与 •国や県などへの復興に関する要望

て災害対策本部が置かれることになりますが、これに議会側が参加する規定もありません。災害に対する議会の思いと、法令上の議会の役割とのズレを埋める方法を探ります。

❖被災した自治体の経験を活かす

議会基本条例で災害時の役割を規定することは議員の意識づけに役立ちます。しかし、それだけでは「議会が災害に強くなる」わけではありません。まずは、東日本大震災を経験した議会が未曽有《みぞう》の災害にどのように対応したのか、その経験を踏まえて考えることが大切でしょう。

幸い、震災後、様々な議会の経験が公刊されています。ここから、議会ができること、議会がするべきことが見えてきます。①平時（災害前）、②発災直後（初動期）、③初動期経過後、④復旧・復興期に分けると、おおよそ図９のようになります。

✣重要視される業務継続計画（BCP）

災害発生直後に重要なのが、議会の業務継続です。そのための業務継続計画（BCP）が重要視されています。業務継続計画というのは、緊急事態への備えのための計画です。災害発生によって事業に降りかかるリスクをあらかじめ分析し、そのリスクを最小限に抑えつつ、業務継続を図るために必要な備えを定めたものです。業務継続計画には、安否確認、議員や職員の行動基準、議会審議の確保のための措置などが定められます。ただ、自治体における業務継続計画はまだまだ不十分で、平成27年10月から12月にわたり日本経済新聞が行った調査では、未整備の市区が66%にのぼることが判明しました。執行部側であってもこの数字ですから、業務継続計画を策定している自治体議会の割合は極めて低いと考えられます。ただ、大津市のように議会としての業務継続計画を定める議会も少しずつ増え始めましたし、業務継続計画というほど本格的ではなくとも、「災害時行動計画」や「災害発生時の対応マニュアル」を定める議会も増えてきています。災害発生直後、まずは議会が機能を果たせる状況になっていることが大切だとようやく認識されてきたのでしょう。

経験談のなかには、震災直後、議会としての役割は果たせなくとも、それぞれの議員が自らの住む地域で住民の安否確認や救護に力を尽くしたことが多く語られています。ただ、それぞれの議員が地域住民の情報や要望を執行部に伝えると、混乱に拍車をかける結果にもなりかねません。議会として情報の一元化と執行部との連絡体制の整備が必要となります。業務継続計画には、こうした体制を事前に整備しておく意味もあります。

❖災害に対する議会の役割

東日本大震災を通じて改めて明らかになったのは、「議員が地域や住民を熟知した存在」であることです。こうした議員の情報をいかに議会がまとめて、自治体全体の活動に活かしていくかが大切になるでしょう。災害直後の救助、避難生活の把握と改善、それからこうした実態を踏まえての県や国への要望、そして、復興計画への住民意思の落とし込みなどです。たしかに、国の災害法制の上で、自治体議会が登場する場面はありません。しかし、議会として、できることを見つけたのなら、自らの役割を条例に書き加えるべきです。たとえば、陸前高田市議会は、復興計画の策定・変更を議会の議決事項としました。執行部だけでなく、議会として議決してはじめて、その自治体の計画となるのです。

◉陸前高田市議会基本条例

（議決事項の拡大）

第10条　総合計画の基本構想及び基本計画並びに震災復興計画の基本構想及び基本計画の策

定及び変更については、地方自治法（中略）第96条第2項の規定に基づいて、議会の議決が必要なものとする。

2　（略）

また、災害が起こってからではなく、防災の段階から議員がかかわることにも大きな意味があります。地域の問題点や住民の不安について一番詳しいのは、その地域の議員だからです。また、防災の段階からかかわることは、議員の災害に対する知識や関心を高め、災害時のスムーズな活動へとつながります。四日市市議会のように地域防災計画を議決事項に加える議会もあります。

◉四日市市議会基本条例

（議会の議決事件）

第10条　議会は、行政に対する監視機能を強化するため、地方自治法（中略）第96条第2項の規定により特に重要な計画等を議決事件として加えるものとする。

2　前項の規定に基づく議会の議決すべき事件については、次の各号に掲げるとおりとする。ただし、軽微な変更を除く。

(1)　災害対策基本法（中略）第42条第１項に規定する地域防災計画の策定及び変更に関すること。
(2)　水防法（中略）第33条に規定する水防計画の策定及び変更に関すること。
(3)～(6)　（略）

議会の防災意識が高まると、平時から復旧・復興期に至るまでの議会のかかわり方を考えることになります。また、議会側の対応だけなく、その自治体全体の災害へのかかわりや、そのなかで議会がどのような役割を果たすべきか議論するようになるでしょう。岡崎市議会、和歌山市議会、大津市議会などが主導して災害対策条例を制定したことも、自然の流れといえるかもしれません。

国の法制上の弱点を嘆くのではなく、それぞれの議会に何ができるかを議論して、必要な条例上の整備などを進めていく――それこそが議会に与えられた使命なのかもしれません。

冒頭の引用は、災害時の議会の役割について、第一人者である同志社大学の新川達郎教授のコメントです。こうした備えが当然となるように、自治体議会での議論を深めなければなりません。

9 議会例規をめぐる様々な動向を知ろう

法体系として会議規則が上にあって、その下に委員会条例が位置づけられるのはおかしいと以前から思っていたが、なかなか言い出せなかった。学説もいろいろある中、抜本的な見直しに踏み切ることがいいのかどうか考えたが、議会事務局も一生懸命調査してくれて、ほかの議員にも説明する中で、市民に分かりやすい議会例規にしたほうがいいと判断した。

――「変わるか！地方議会156　全国初の会議条例を制定し、議会ＢＣＰも策定―大津市議会」月刊ガバナンス2014年5月号　125頁

❖限られる議会例規

議会改革が進むなか、議会を悩ませるのが、議会が定めることができる「例規」のバリエー

ションの少なさです。地方自治法での議会の例規には、条例のほか「会議規則」と「傍聴規則」しかありません。しかも、自治体議会は、会議規則や傍聴規則を定めるものとされているのです。

⦿地方自治法
第120条　普通地方公共団体の議会は、会議規則を設けなければならない。
第130条　1・2（略）
3（前略）議長は、会議の傍聴に関し必要な規則を設けなければならない。
第109条　普通地方公共団体の議会は、条例で、常任委員会、議会運営委員会及び特別委員会を置くことができる。
2～9（略）

会議規則とは、議会運営に関するルールのことです。これは議会が議決して定めます。傍聴規則は、本会議の傍聴のルールです。これは議長が定めます。これとは別に、議会に委員会を置く場合には、その委員会の組織や運営について「委員会条例」を定めなければなりません。小規模自治体を除いて、たいがいの自治体議会には委員会が置かれていますので、委員会条例が

図10　地方自治法上の議会例規

会議規則	委員会条例	傍聴規則
地方自治法120条 必置	地方自治法109条 委員会に設置する議会においては必置	地方自治法130条 必置

定められています。地方自治法が想定している議会例規を示すと、図10のようになります。

❖「議会規則」の必要性

自治体の例規の一番の問題は、「規則制定権」がないことです。少しマニアックな話題となりますので、解説を加えながら話を進めます。

条例に規定されたことをさらに細かく規定する場合には、「条例施行規則」に規定します。住民の権利にかかわるような重要事項は条例に規定しておき、細部や手続を条例施行規則に委ねるというイメージです。条例施行規則は、知事や市町村長といった首長が定めます。行政にかかわる条例の細部や手続を行政の長が定めることに、大きな問題はありません。ところが、この条例が議会に関する条例ならどうでしょう。たとえば、議会の情報公開条例や議員政治倫理条例の場合です。

議会の情報公開条例は、その名のとおり議会における情報公開制度を定めた条例です。議員政治倫理条例は、議会が自分たちを律するための条例として定めたのです。いずれの条例の場合にも、その細部や手続を執行機関側が定めるのはふさわしくありません。定めるとしても、議会が定める規則（これを「議会規則」ということにします）によるべきでしょう。しかし、議会が議会規則を定めることができるとする規定は、地方自治法にはありません。そのため、こうした場合には、次のように執行部の条例施行規則で定められるか、議会側が議長の決める一般的な定めという意味で「規程《きてい》」という方法を使って定めることが多いようです。

◉多摩市議会政治倫理条例

（委任）

第14条　この条例に定めるもののほか、この条例について必要な事項は、規則で定める。

しかし、先ほど述べた理由で、条例施行規則を利用するのは好ましくありません。また、規程も、その正体の多くは「告示」という「議長のお知らせ」であり、例規としての重みに欠けます。また、議長が定めるとすると、議会全体の意思がこの規程には反映しないことになります。

議会に関する条例の細部などを定めるには、やはり議会で議決する議会規則を利用するのが筋であるような気がします。議会規則は、地方自治法には根拠がないものの、議会がその役割を果たそうとすれば、どうしても必要となってくる例規です。古くは、議会図書室条例施行規則など限られた事例しかなかった議会規則ですが、少しずつ多くの自治体議会に広がりつつあります。

〈議会規則の例〉
○各務原《かがみはら》市議会図書室条例施行規則（昭和38年議会規則第4号）
○伊賀市議会関係情報公開条例施行規則（平成18年議会規則第2号）
○多治見市議会議員政治倫理条例施行規則（平成23年議会規則第1号）

❖会議規則や傍聴規則の条例化

議会の例規をめぐるもうひとつの動きは、会議規則や傍聴規則を条例化しようとするものです。まだ広がりを持ちませんが、大津市議会などが行い、注目を集めました。会議規則や傍聴規則は、地方自治法が定めることを規定した例規です。地方自治法の条文に反するような行為を行う理由はどこにあるのでしょうか?

その理由は2つあるようです。ひとつは、条例化することで住民に開かれた例規にしようとするものです。会議規則も傍聴規則も、議会内のルールです。議会運営のルールといえども、住民に内容を約束するという意味では、会議規則ではなく会議条例がふさわしいし、傍聴も、住民の権利を制限するともいえる部分があるので、傍聴規則ではなく傍聴条例がふさわしいという考え方です。また、地方自治法には、住民が一定の署名を集めて条例の改廃を求めることができるとする「直接請求」の制度があるのですが、条例となれば、この直接請求の対象とすることができます。

もうひとつは、「例規のゆがみ」を正す意味があるといいます。冒頭の引用は、大津市議会で議会例規の見直しの中心となった議会運営委員長の言葉です。会議規則というのは、主に本会議の運営などについて規定されています。本会議の下部機関である委員会の組織や運営事項が、委員会条例で定められるのはおかしいというのです。条例の方が会議規則より上位の規範なので、規定事項との関係で逆転が発生しているというのが理由です。

この主張はシンプルで説得力がありますが、思い込みや解釈不足の部分も否定できません。会議規則には、本会議のことばかりではなく、委員会運営についての事項も規定することができます。また、会議規則には、「規則」という名前はついていますが、条例より下位の法令ではありません。この点、条例施行規則とは違います。

なるほど、会議規則も条例も、議会が議決するものです。ですから、名前を変えても大きな違いは生じないと感じるかもしれません。しかし、条例は、議事機関としての議会が議決するものです。つまり、自治体としての意思を示すことになります。これに対して、会議規則は、議会としての意思表示です。その点での違いがあります。こうした議論がなされる背景には、議会基本条例が普及して条例の役割があいまいになっていることがあるのでしょう。

　また、傍聴規則についても、少し誤解があります。傍聴も会議の運営にかかわることであり、その本質は、落ち着いて議論ができる環境を会議の主宰者が守るためのルールなのです。会議の運営を決める権限は、本来なら議会にあるわけですが、地方自治法は、特にその権限を議長に与えています。ですから、傍聴規則を議長が定めるものとすることは自然なことといえます。ただ、「会議条例」や「傍聴条例」をめぐる議論を、地方自治法違反の議論として簡単に片づけるのもどうかと思います。議会例規については、地方自治法にも不十分な部分があるし、各議長会が定めた標準議会規則も、「経年《けいねん》疲労《ひろう》」が生じています。「実態に合わない」「使いにくい」といった思いが背景にあるとしたら、新しい形で例規整備しようとする議会の姿勢は、評価されなければならないのです。そこに改善のヒントがあることは確かなのですから。

第3章

時代とのズレ

1

〝出来レース〟を排除する議長・副議長立候補制

分権時代の議会のあり方が大きく変わろうとしていますが、議会のトップリーダーである議長は単なる名誉職やおかざりではなく、議会を束ねて牽引する重要な役割を担っています。議長が何をするかによって、その後の議会活動は大きく変わってきます。まず、議長は公正公明な選挙で選ばれるべきです。その際、議長選挙に立候補する議員は、「自分が議長になったら、任期中に何をするのか」を明らかにし、所信表明をしなければなりません。そして、議長選挙を住民にも公開し、議員は候補者の理念や政策を比較して投票するという、堂々とした選挙により組織のトップを選んでいただきたいと考えます。

――早稲田大学マニフェスト研究所議会改革調査部会編『あなたにもできる議会改革　改革のポイントと先進事例』（第一法規　２０１４年）80頁

❖これまでの議長選

議会の人事は議会内の力関係で決まるもの――それが、これまでの常識でした。議会では、同じ政党に属する議員や同じ考えを持つ議員が集まって、「会派」を作ります。そして、一番人数の多い会派を第一会派と呼びますが、第一会派が推薦する議員を議長とする議会が多かったのではないでしょうか。この場合、副議長には、第二会派が推薦する議員がなることでしょう。もちろん、地方自治法103条1項には「普通地方公共団体の議会は、議員の中から議長及び副議長一人を選挙しなければならない」とあり、本会議における選挙で選ばれるわけですが、委員長や監査委員など他の議会内の役職も含めて、ほぼすべての人事について会派間で事前に調整されることもまれではありませんでした。つまり、本会議での選挙は「出来レース」であったわけです。

ところが、近頃急に増えているのが、議長や副議長の立候補制です。候補者が立候補して投票を行うというものです。議長の立候補制についてみると、全国の市議会813市のうち191市が導入しているそうです（全国市議会議長会「市議会の活動に関する実態調査結果　平成26年中」）。導入率は、実に23・5％に上ります。

✣思わぬ反対論

一部の会派からは、立候補制に思わぬ反対論があがることがあります。地方自治法118条1項では、議会で行う選挙について準用する公職選挙法の規定が挙げられていますが、そこには、立候補に関する条文は見当たりません。それを理由に、「議長・副議長の選挙に立候補制を導入することは地方自治法違反である」というのです。この主張は、「論語読みの論語知らず」といった類の主張です。「公職」を選ぶための選挙の場合、とにかく立候補という手続がないと誰を選んでいいのかわかりません。この点、議長や副議長の選挙は異なります。「議員の中から」選ぶものだからです。こうしたことを考えると「準用がない」のは当たり前なのです。

逆の意味でも注意しなければならないことがあります。「必ず立候補した者から議長や副議長を選ばなければならない」とする運用です。「せっかく立候補制を導入したのだから、立候補した者から選ぼう」という気持ちは、わからなくもありません。しかし、それは「議員の中から（中略）選挙しなければならない」とする地方自治法103条1項に違反する可能性があります。この規定は、「誰もが議長になることができる」ということと「誰をも議長に選ぶことができる」ということを保障した規定だからです。ですから、立候補していない議員の当選を無効とするのは、法律上、無理があります。立候補していなくても、議長にふさわしいと選挙で選んだからには、議長なのです。

❖所信表明

もうひとつ、間違えてはいけないことがあります。立候補制を導入するだけでは、何も改革したことにならないということです。水面下で調整した候補者を立候補させただけでは、何の意味もありません。そこで重要となるのが「所信表明」です。所信表明というのは、立候補者が「議長・副議長になったらどんなことに力を注ぎたいか」ということを他の議員に表明することをいいます。これにより、冒頭の引用文にあるように「候補者の理念や政策を比較して投票する」ことが期待できます。

所信表明を行ってこそ立候補制が意味を持つことになるのですが、「所信表明を行う場所とタイミング」については、なかなか難しいものがあります。「所信表明まで行ったのに、結局は会派の力関係で決まった」というのは言語道断ですが、所信表明が非公開の場所で行われたとすると、住民には茶番劇のように映るかもしれません。ですから、所信表明は、公開の場で堂々と行いたいものです。その意味では、本会議での選挙の際に所信表明を行って選挙をするというのがよいということになります。ところが、これがなかなか難しいのです。というのは多くの議会の会議規則には「選挙及び表決の宣告後は、何人も発言を求めることができない」という規定があるからです。そのため、たくさんの議会で工夫がなされています。それは、「本会議をいったん休憩にして行う」とか、「全員協議会」などの場所で行うという工夫です。全員協議会というのは、議員全員が集まって行う協議や調整の場のことをいいます。本会議を休憩にして行うにしても、全員協議会で行うにしても、傍聴を認めておけば、所信表明の場として悪くありません。考えてみれば、会議規則が障害となるのは、立候補制や所信表明を想定していないからです。議会で「申合せ」などをして、一時的（実験的）に立候補制を導入するならそれでもいいのですが、これからも立候補制と所信表明を続けるのなら、本会議で堂々と所信表明を行えるよう、会議規則との関係を整理するか、会議規則自体を改正するのが筋のように思われます。

❖本質的な問題

最後に言い出す話ではないかもしれませんが、本質的な問題は、「そもそも議長が所信表明をすることには、どんな意味があるのか」ということです。所信表明を行うことは、「考えていることがわからないのに1票は投じられない」といった常識論から肯定できます。ただ、首長がマニフェストを掲げて選挙運動をするのとは、意味合いが異なります。首長には、行政の執行権、予算調製権、予算執行権などの権限があります。自治体行政をプランニングする力があるわけですから、掲げたマニフェストをある程度実現する力があります。ところが、議長には、そうした権限はありません。地方自治法で認められているのは、①秩序保持権、②議事整理権、③

事務監督権、④議会の代表権といったものです。特に、②の議事整理権では、リーダーシップより「中立性」が問題となります。いわば行司《ぎょうじ》役なのですから、「私はこうしたい」という思いを秘めて、他の議員たちの意見に耳を傾けなければなりません。マニフェストとしては、「○○について議会改革をします」ではなく、「○○について改革の議論の場を整備します」とか、「○○の改革についての意見に耳を傾けます」とした方が、本当はふさわしいのです。

しかし、それでもなお、議長や副議長が所信表明を通じて選挙で決定されることには意味があります。現在の議会が抱える問題を、議員や住民と共有するきっかけになるからです。候補者が掲げたマニフェストは、当選とともに、議会の最重要課題になります。この課題の解決に向けて議会がひとつになれるなら、議長・副議長の立候補制、所信表明は大きな意味があると思うのです。

2 議会事務局は議会を支える「黒子」

地方公共団体の自主的な政策立案の範囲が拡大するとともに、その処理する事務も複雑化・高度化してきていることから、議会の政策形成機能や監視機能を補佐する体制が一層重要となる。政策立案や法制的な検討、調査等に優れた能力を有する事務局職員の育成や、議会図書室における文献・資料の充実など議会の担う機能を補佐・支援するための体制の整備・強化が図られるべきである。

——第29次地方制度調査会「今後の基礎自治体及び監査・議会制度のあり方に関する答申」（2009・6・16）27頁

❖議会事務局の役割

議会事務局は、議会を支える「黒子《くろご》」です。しかし、この黒子、想像以上に重要なのです。誤解をおそれずにいえば、議会を活かすも殺すも、議会事務局が握っているといえます。議員の提案に「それは難しいですね」「それは無理です」などとばかりいう議会事務局もありますが、それでは議会から前向きな気風が失われてしまいます。住民に信頼され、役割を果たしている議会には、必ずといっていいほど、よい議会事務局があります。議会と議会事務局は、車の両輪なのです。

現在の議会事務局の仕事には、大きく「議事」と「調査・法制」と「庶務」の3つの分野があります。分権改革前、長らく、議会事務局の仕事は議事と庶務が中心でした。調査・法制に関しては、ほとんど仕事がなかったのです。議員提案条例などはほとんどなく、調べものをするといっても、議員に代わって執行部へ尋ねるぐらいのものでした。ですから、従来、議会事務局の仕事といえば、議会の運営と、もろもろの雑務と考えられていたのです。地方自治法上も、事務局職員の仕事を「議会の庶務に従事する」と表現していました。平成18年の地方自治法改正で、ようやく「議会に関する事務に従事する」（地方自治法138条7項）と表現されるようになりました。

また、現在、すべての市議会が議会事務局を設置しており、全国町村議会議長会「町村議会実態調査結果の概要」（平成28年2月）によると、町村でも未設置は6町村だけです。ところが、地方自治法では「市町村の議会に条例の定めるところにより、事務局を置くことができる」（1

38条2項）と規定されています。こんなところにも、時代遅れの事務局観をみることができます。

❖議会基本条例と事務局の強化

議会がその役割を果たすためには、議会事務局の充実が欠かせません。そのため、ほとんどの議会基本条例では、次のような議会事務局の充実に関する規定が置かれています。

◉横須賀市議会基本条例

（議会事務局）

第30条　議会は、議会の政策立案能力を向上させ、議会活動を円滑かつ効率的に行うため、議会事務局の調査及び政策法務の機能の充実を図るものとする。

ところが、実際の議会事務局の充実は、なかなか厳しいものです。都道府県議会の場合には、平均40人以上の議会事務局職員がいますが、市議会議員30人前後の議会では、議会事務局職員は局長以下10名程度というのが普通です。町村に至っては、事務局長のほかに職員が1人いるか2人いるかといったところでしょう。いくら議会基本条例で議会事務局の充実をうたっても、どの自治体も財政難ですから、執行部側が配慮して増員してくれることなど、望み薄です。議会事務局を本気で充実させたいなら、議会側から働きかけをするしかないのです。ここでは、その方法を考えてみたいと思います。

❖議会事務局強化についての議長の役割

「予算調製権は首長側にあるからなぁ…」――やる気と工夫の乏しい議会事務局職員は、何かといえば、そうつぶやきます。予算の承認は議会の役割としても、「どのような箇所にどのくらいの予算をつけるか」ということは、首長が握っています。しかし、予算をつけてくれるのを待つだけでは、いつまでたっても変わりません。

議会基本条例を定めた際などがチャンスです。議長から首長に次年度の議会費を要求する場を設定してみてはどうでしょう。大事な予算を事務局長任せにしているところもあります。また、各会派がバラバラで首長へ要望するような議会もあるようです。しかし、議会は首長と並ぶ二元代表制の一翼を担う機関です。各会派での議論を踏まえて、議長から議会として首長へ予算要求をするべきなのです。議会事務局を少しでも充実させるためには、議員も汗をかかねばなりません。

予算調製権に抵触《ていしょく》しない範囲で、議会サイドができることは、まだまだあります。地方自治法138条6項には、事務局職員の定数を条例で定めると規定しています。これに該当する条例としては、議会事務局設置条例、議会事務局職員定数条例、議会事務局組織条例などが想定されます。ところが、実際には、議会事務局職員の定数を自治体の職員定数条例のなかで一緒にして規定しています。そこで、職員定数条例から議会事務局職員の定数を分離して条例化することを考えてみてはどうでしょう。地方自治法の規定に素直に従うことにもなりますし、「議会のことは議会が決める」という基本を再認識する機会にもなります。もちろん、議会事務局職員定数条例などの提案に当たっては、執行部と調整する必要がありますが、議会側がイニシアティブをとってそうした機会を作ることは、たいへん大事なことです。

たとえ職員の増員が確保できない場合でも、さらなる次の手を打ちたいものです。それは「求める職員を確保する」ことです。地方自治法138条5項にあるように、議会事務局職員の任命権は、議長にあります。しかし、実際には、議会事務局職員の人事は、自治体全体の人事のローテーションのひとつとして行われます。つまり、議長は、首長側が決めた議会事務局職員の人事案にハンコを押すだけになりがちです。この人事権を、議長に取り戻すのです。議会の仕事は特殊ですから、議会が肌に合わない人もいることでしょう。職員によっては、議会に来ても執行部の方を向いて仕事をしている者もいます。こうした職員は、本人の希望を聞いた上で、執行部に戻ってもらいましょう。また、議会として、法制に詳しい職員がほしいとか、財務に明るい職員に来てもらいたいなどの要望があると思います。議長が先頭に立ってこうした要望をとりまとめ、首長と人事についての協議を行う体制を作りたいものです。

こうしたことを考えると、議長を1年交代で回している議会の問題が見えてきます。議会における予算や人事、そして執行部側との交渉などができない議長では、議会を守ることはできません。地方自治法には、「議長及び副議長の任期は、議員の任期による」（103条2項）とあります。議員の任期（4年）を原則として議長の任期と想定しているのです。

❖調査・法制部門の強化方法

議会事務局の調査・法制担当の職員を補う方法として、執行部の法制担当者との兼務が行われている議会があります。小規模自治体ではやむを得ませんが、できればこれは避けたいものです。法制的なアドバイスを通じて、執行部にコントロールされる危険があるからです。法制的に難しいことは、個々の議員が政務活動費を活用したり、議会として専門家を呼ぶなど（専門的知見の活用）して、対応したいものです。

平成23年の地方自治法改正で加わったしくみを利用して、事務局の調査部門を他の自治体と共同設置することも考えられるかもしれません。議会事務局全体の共同設置も、法的には可能ですが、これはどうも現実的ではありません。議会の繁忙期はぶつかるものですし、なにより、議会にはそれぞれの歴史や文化があります。調査・法制のスタッフだけというのが現実的なところでしょう。

また、ある程度のスタッフ数がいる議会事務局では、事務局内で調査・法制部門と議事運営部門との分離が重要だろうと感じています。調査・法制部門と議事運営部門は、忙しくなる時期が重なります。議事調査係などが置かれている市議会事務局も見られますが、議会が近づけば、結局は議事の部分だけで手いっぱいになり、調査は名前だけとなってしまいます。これでは、議案の修正などに対応できません。さらに、分離は、忙しさだけでなく「マインド」の面からも必要です。議事運営部門は、いわば議長や委員長のスタッフですから、「公平性」が非常に重要になります。質疑時間にしろ、委員の割り当てにしろ、議会内における自律的なルールに従って「公平」「平等」の実現が行われます。もちろん、大会派は質疑時間も委員数も多くなるわけですが、それとて議会内のルールに基づくものです。そして、事務局からすれば、議会が決めたこうしたルールに従って、いかに「平等性」を担保した議会運営をするかについて最大限に心を砕くこととなります。ところが、調査・法制は、そうではないのです。どのレベルの調べものであろうと、誰から頼まれた調べものであろうと、誠実に議員に寄り添う必要があります。会派からの正式な依頼ではなく、議員個人の下調べ的なものである場合もあるでしょう。議会全体から見たら、極めて少数の考え方に基づく調査もあるかもしれません。そうであっても、議員の立場にたって誠実に調査のお手伝いをすることが必要になります。そうでないと、議会の監視機能や立案機能の芽を事前に摘んでしまうことになるからです。

さらに大規模議会で提案したいのが、調査・法制部門の職員をラインではなく、スタッフ的に配置することです。たとえば、調査法制課のなかに、行政資料を集めるライン、法令作成支援を行うライン、法令調査を行うラインがあり、それぞれの3つのラインに係長、主査などが置かれていたとします。こうした体制の下では、議員の調査案件が議員提案条例に結びついた場合、法令調査を行っていたラインから法令作成支援のラインに案件の引き継ぎをしなければなりません。また、議会が近づいて議員提案条例作成支援の依頼が集中したとしても、担当ラインが何とかしなければなりません。この職員配置の方法では、依頼される案件が少なければともかく、立案機能が活性化した議会においては、とても議員の要望に応えられないでしょう。調査や立案は、タイミングが大切です。執行部との調整や会派間の調整など、タイミングが整ったときに調査の回答や条例案などが出てこないと、議会の要求に応えることはできないのです。

そこで、ラインをなくして、全員を調査法制課長の下にあるスタッフにするのです。案件に応じて、司令塔である課長が仕事を割り振りするイメージです。係長級の職員が課に3人いるのなら、調査案件にしても立案にしても、この3人が取りまとめの中心になってくれるでしょう。簡単な調査案件なら、主査1人を指名して任せることも可能です。それぞれの課員の担当を決めずに、調査・法制スタッフとしておくことは、人数を増やさずに、調査法制能力の向上につなげることができるのです。

一方、小規模議会では、執行部の総務課ＯＢなどの再任用をお勧めしたいと思います。小規模自治体の場合には、元幹部職員であっても、気軽に再任用に応じてくれる場合も多いものです。議員にも執行部にも顔が利き、頼もしい存在になってくれることでしょう。

議会や行政法に詳しい研究者などを「議会アドバイザー」として活用したり、地元の大学との連携協定を結び、必要なアドバイスをもらったりする議会もあるようです。

いずれにしても、これからの議会事務局では、調査・法制部門の仕事の重みが増えることは間違いありません。それを引き受けないのも、執行部に手伝ってもらうのも、議会としては失格です。事務局長とともに議長がそれをどうマネジメントするか、それが議会事務局の充実には欠かせません。

3 議会図書室は地域図書館との連携を

全ての地方議会には必ず議会図書室が設けられている（ことになっている）。地方自治法において設置を義務付けされているからだ。これらの図書室の現状はどうだろうか。地方議員の調査活動などに有効に利用されているだろうか。読者の皆さんの中で関心がある方は最寄りの議会図書室を訪れてみられるといい。図書室の看板は掲げられていても、実態は倉庫ないし物置状態であることに驚かされる人も少なくないはずだ。

——片山善博「図書館のミッションを考える」情報の科学と技術57巻２００７年４号１６８頁

❖議会図書室に関する規定

議会図書室は、議会に附属する議員用の資料室です。正式な図書館ではありませんが、議会によっては、職員のほか一般の住民も利用できるようになっています。地方自治法には、この議会図書室に関して次のような規定を置いています。

◉地方自治法

第100条　1～16（略）

17　政府は、都道府県の議会に官報及び政府の刊行物を、市町村の議会に官報及び市町村に特に関係があると認める政府の刊行物を送付しなければならない。

18　都道府県は、当該都道府県の区域内の市町村の議会及び他の都道府県の議会に、公報及び適当と認める刊行物を送付しなければならない。

19　議会は、議員の調査研究に資するため、図書室を附置し前2項の規定により送付を受けた官報、公報及び刊行物を保管して置かなければならない。

20　前項の図書室は、一般にこれを利用させることができる。

国会の場合には、それぞれの院に議院法制局があり、各調査室があり、それとは別に国立国会図書館という調査機構があります。ところが、自治体議会にあるのは、議会事務局だけなのです。議会は、執行部を監視し、足りない政策などを提案する存在です。ですから、すべての情報を執行部に頼っていたのでは、議会は役割を果たすことができません。議会図書室は、議会がその役割を果たすために必要な情報を提供することを期待されているのです。

地方自治法１００条17項から19項までの規定は、昭和22（１９４７）年の地方自治法の第一次改正により加わりました。当時は、今のようなインターネット環境があるわけではありませんから、官報や公報、そして政府の刊行物などを確実に議会に届けることを義務づけたのです。「無償で送付すること」までを意味したものではありませんが、印刷物が貴重であったことを考えると、規定の意味が理解できます。

❖立ちはだかる予算の壁

早い時期より期待されていた議会図書室なのですが、現状は、冒頭で引用したように「倉庫ないし物置状態である」こともしばしばです。一応の書籍や資料はあるものの、議員に使われた形跡がなかったり、使える状態になっていない議会図書室も数多く存在します。確実に、法の期待と現実との間にズレが生じています。

このズレを埋める方法はひとつです。議会図書室を充実させることしかありません。ほとんどの議会基本条例では、議会図書室の充実に関する規定が置かれています。どの議会も「このままではいけない」と考えていることは間違いなさそうです。

◉鳥羽市議会基本条例

（議会図書室の設置及び公開）

第14条　議会に、議会図書室（以下「図書室」という。）を設置する。

2　図書室は、議員のみならず、誰もがこれを利用できるものとする。

3　議会は、議員の政策形成及び立案能力の向上を図るため、図書の充実に努めるものとする。

ただ、その実現となると、一筋縄ではいきません。蔵書数を増やしたり、専属の司書を配置するなどの方法が考えられますが、それには「予算の壁」が立ちはだかります。予算調製権は首長にあり、財政難のなか、そうはやすやすと予算をつけてくれないからです。

早稲田大学マニフェスト研究所の「議会図書室アンケート２０１５　調査結果」によると、都道府県議会の議員一人当たりの年間書籍購入費は3万8千円です。政令市を除く市についてみると、その額は2万8千円となります。それなりに潤沢に見えますが、都道府県議会の書籍購入費のうち約3割は、「追録」に充てられます。「追録」というのは、法改正などに対応した加除式書籍の差し替えのことです。追録にかかる費用の割合は、自治体の規模が小さくなるにつれて大きくなり、政令市を除く市では、その割合は6割近くを占めます。町村に至っては、実

図 11　議会図書室の予算

	議員１人当たりの年間書籍購入費	年間書籍購入費における追録の費用の割合	専門の職員（司書）の配置がある議会の割合
都道府県議会	3 万 8,000 円	29%	76%
政令市議会	3 万 6,000 円	41%	44%
市議会	2 万 8,000 円	57%	1%
町村議会	2 万 2,000 円	72%	0%

早稲田大学マニフェスト研究所による「議会図書室アンケート調査 2015　調査結果」より

に７割が追録の費用で占められています。これでは、新規の書籍を購入する余裕は極めて限られます。また、政令市を除く市で、司書を配置できているところは１％しかありません。普通の市議会の図書室では、司書の配置はおろか、新刊書の収集もままならないといった姿が見えてきます（図11）。

❖地域の図書館との連携のすすめ

予算の壁が立ちはだかっているといっても、議会の役割はこれからますます重くなります。何としても議会図書室の充実は果たさなければなりません。そんななか、注目されているのが、地域の公立図書館や大学図書館との連携です。特に、あまり図書購入費に予算を回せない市町村にとっては、この方法しかないといっても過言ではありません。

たとえば、鳥羽市議会では、市立図書館に加えて、蔵書数や資料の多い三重県立図書館との連携を図っています。議会図書室は、図書について、両図書館から貸し出しを受けたり、司書によるレファレンスサービス（調査の目的としている事実や文献を探して依頼者に提供すること）を受けることができます。連携協定の締結まで至らなくとも、要綱などの内規で地域の公立図書館と相互賃借などを行っている議会は、意外にたくさんあります。平成23年度の全国公立図書館協議会の調査によると、議会図書室と何らかの連携をしている都道府県立図書館は29、市町村立図書館が71もあります。連携の方法としては、都道府県立図書館でも市町村立図書館でも、レファレンスサービスが一番多くなっています。

また、大津市議会では、龍谷大学図書館との連携を実現しています。議員が大学図書館を利用できるほか、レファレンスサービスを受けたり、大学図書館による議会図書室の整備支援も受けることができます。

図書館との連携は、単に蔵書を利用することだけではありません。司書という専門職と結びつくことが大きいのです。経験を積んだ司書は、求められている資料を的確に探すことができます。また、司書同士のネットワークを通じて、探している資料以上の資料やデータの存在を教えてくれることもあります。議員のなかには「ネットで調べればいい」と図書館との連携に否定的な議員もありますが、司書の力を知ったら、もう手放せなくなるに違いありません。いずれにしても、公立図書館などとの連携は、貧弱な議会図書室を補う効果的な方法であることは間違いありません。

このように公立図書館などとの連携が深まれば、議会図書室のあり方も、現在とは違うものとなるでしょう。基本的な法律書などを集めることは図書館に任せ、議会図書室は、インターネットや有料法情報を使える環境を提供すること、その自治体のデータや報告書など行政文書を中心に集めること、議会で使用された文書を保管・閲覧させる場所とすることなどが考えられます。レファレンスサービスが気軽に利用できる環境にあるなら、有料法情報は図書館側に置いて、住民にも広く利用してもらうのがいいでしょう。自治体内における資源の効果的な活用にもつながります。

❖一般の住民に開放することの意味

議員以外の議会図書室の利用も、現代的な問題です。前記の鳥羽市議会基本条例14条2項のように、議会基本条例で一般利用を規定する議会も多くあります。これは、地方自治法１００条20項に「一般にこれを利用させることができる」と規定されていることをさらに進めたものと理解できます。議会図書室は議員のための図書室ですから、議員の調査に差し障りがあってはいけません。しかし、議会にある情報を住民と共有するというのは、大切な視点です。立川市のように、議会図書室と市の市政情報コーナーが隣同士に配置されている自治体もあります。これは、議員にも住民にも利用しやすい方法のように思います。司書を１人置けば、両スペースの管理を任せることも可能になります。

議会図書室を住民が広く利用できるようにし、しかも司書を配置することで、思わぬ法律上のメリットを手に入れることもできます。それは、著作物の「コピーサービス」が可能となることです。著作物は著作権法で保護されていますが、図書館等は、例外として、利用者の求めに応じてコピーを提供することができます。議会図書室も、司書を置いて、「一般公衆の利用に供する業務を主として行う施設」となれば、コピーサービスも可能となる可能性があります。議員の利用を考えて、住民への貸し出しをためらう議会図書室も多いものですが、コピーサービスが提供できれば、住民にとっても利用しやすい図書室になります。

議会図書室は、議会のやる気を測るバロメーターといえます。地方自治法が議会図書室を必ず置かなければならないとした趣旨を踏まえて、常に「使える」議会図書室にすることは、議会に課せられた義務といえるのです。

4　執行部を動かす一般質問のしかた

《残念な一般質問、もったいない一般質問の例》
①公表数字を確認するだけの質問
②論点を入れすぎてぼけてしまった質問
③一般質問、代表質問としては個別要求的すぎる質問
④合理的な根拠や論拠のない批判に基づく質問
⑤その自治体が関知できない国や他自治体の事柄についての質問
⑥自身の政治信条の演説に終始している質問
⑦一問一答方式のやりとりを続けるうちに混乱してしまった質問
⑧執行部への謝辞は時間の浪費なことも
——土山希美枝「質問力を上げよう　第1回」議員ＮＡＶＩ　２０１４年41号27頁

❖一般質問の意味合い

一般質問とは、その自治体の行政一般に対して事務執行の状況や方針を質問することです。本会議や予算委員会において行われています。特に本会議での一般質問は、ここ40年ばかりの間に、議会のなかで大きなイベントに成長しました。たしかに、一般質問は、定例会の最大の見せ場です。住民からしても、議員からしても、一般質問のない議会なんて「お餅を食べないお正月」のように物足りないに違いありません。

一般質問のいいところは、「質疑」と違って、議題にとらわれないところです。また、自分の意見を述べることも許されます。つまり、好きな案件について、自分の意見を述べつつ、執行部に説明や所見を求めることができるのです。たとえて言うなら、自分のペースで一方的に技を繰り出せるプロレスのようなものです。相手（執行部）がロープに逃げたり、ヒーヒー言ったりすると、議員の強さが際立ちます。演壇での雄姿は、住民へのよいアピールになります。本会議の場合には、その相手が首長や自治体の最高幹部なのですから、支持者の目には、この上なく頼もしく映ることでしょう。

❖一般質問の改革

ただ、「見せ場」を作るためだけに時間を使うのは、もったいないことも事実です。そこで、市民にわかりやすくするため、「一問一答式」の導入や、行政監視機能と結びつけての改革が行われています。「一問一答式」というのは、議員の質問と執行部の答弁を交互に行うやり方のことです。これまでは、一人の議員が質問したい点をまとめて質問し、執行部もまとめて答弁をすることが多く行われてきました。ただ、これでは論点がはっきりしません。また、執行部の答弁も不十分なものになりがちです。そこで、ひとつ質問をして、それに執行部が答弁するという「一問一答式」の導入を進める議会が増えてきたのです。こうすれば、住民の目からも「何が問題で、執行部がどのように対処しようとしているか」が明確になります。また、「一問一答式」では、執行部の答弁が不十分な場合には、再質問、再々質問を行って論点を掘り下げることもでき、その点でも、これまでの「一括方式」よりすぐれているといえるでしょう。

それでも、質問内容自体が不十分な場合には、一般質問を行政の改善につなげることができません。冒頭は、龍谷大学の土山希美枝教授が挙げた一般質問についての問題点です。①は、とても多く目にします。執行部にさんざんデータを尋ねておいて、「私は、それでは不十分ではないかと思うのですよ。いずれにしても、当局においては、しっかりとした対応を求めます。私の質問は終わります」のような一般質問です。⑧も、少し古い会議録をみると、たくさんの例を見つけることができます。礼儀は大切でも、必要以上にへりくだることはありません。④や⑥も、全く議論が深まらない質問です。「お説はお説として承りました」とか、「高いご見識を頂戴いたしました」などと答弁されて終わりです。⑤も、その自治体や住民と関係する質問なら別ですが、自治体の行政と離れての質問では、活かすことができません。そして、意外に勉強熱心な議員が陥りやすいのが、②かもしれません。短い時間内にあれもこれも詰め込むうちに、主張がぼやけてしまうパターンです。

❖「よい一般質問」とは

では、よい一般質問とは、どのようなものでしょうか。簡単にいえば、「行政の改善につながる質問」といえるでしょう。そうした一般質問は、次のような要素を持っているように感じています。逆にいえば、こうしたことを意識すれば、どんな一般質問も、行政を改善する力を持つことができるということになります。

《よい一般質問の要素》
- 主張に一貫性があること
- 具体的な目標が示されていること
- 目標との関係で執行部に数字やデータを尋ねること

まず、主張に一貫性があることが重要です。1年間に定例会が4回ある議会なら、議員任期中に最大16回の一般質問があるわけですが、「一貫して何かを主張している」部分がないと、住民にはアピールできないでしょう。そして、一貫することは、執行部に対する圧力にもなります。

また、執行部にデータなどを尋ねるときにも、まず、自分が考える手法や目標を提示して、それらがすばらしいことを印象づけるために使うべきだと思います。こうしたストーリーがないと、一般質問は活きてきません。尋ねるデータや答弁は、すべて自らの結論の正当性につながるようにしなくてはならないのです。

議員が何を実現しようとしているのかといえば、それは「住民の福祉の実現」であるはずです。これは誰にとっても最終目標、いわば「山の頂」です。ただ、それぞれ山の登り方が違うわけです。執行部とは違うし、もしかしたら他の議員とも違うかもしれません。その登り方を示すのが、一般質問です。その登り方が合理的なら執行部も取り入れようとするでしょうし、他の議員も一目置くはずです。少なくとも住民は、「この人なら大丈夫」と思うことでしょう。

ところが、実際に行われている一般質問を見ていると、登る気が感じられない者や、どう考えても登れそうにない方法を示す者も多いように思います。住民は、こうした議員と一緒に山に登ろうとは考えないことでしょう。データを踏まえることは、その登り方の妥当性を示すものとなるのです。

❖さらなる改善方法

一般質問を「行政の改善につながる質問」とするために、まだまだできることがあります。まず、一般質問を「個々の議員」からの提案としないことです。議会がまとまって、議会からの提案として、行政の改善につなげたいものです。そのためには、それぞれの議員がテーマや視点を共有して一般質問を行うことが効果的です。ただ、一般質問が個々の議員のアピールの場であることを考えると、すぐには難しいかもしれません。それでも、会派内で問題意識を共有し、効果的に一般質問を行いたいものです。重要な問題は、他の会派にも呼びかけて、一般質問の重点事項とすることから始めてみましょう。

また、住民は、一般質問の内容以上に、その一般質問によって行政がどう改善されたかという「結果」に関心を持っています。議会によっては、それを追跡取材し、議会だよりに掲載しているところがありますし、鳥取市のように、一般質問の対応結果についての一覧表をＨＰに掲載する自治体もあります。こうした議会では、住民が進んで議員に問題点を伝えたり、一般質問の内容を提案したくなるかもしれません。

❖一般質問が盛んになった背景

ここまで、一般質問の改善方法を考えてきました。たしかに、現在、どの議会でも一般質問が重要視されています。しかし、議会が行政監視機能などを発揮する方法は、一般質問ばかりではありません。もう一度、「まっさら」な状態から眺めてみると、違う結論も見えてくるかもしれません。

一般質問の制度は、地方自治法上、規定がありません。会議規則に「一般事務につき質問することができる」といった規定があり、これを根拠に行われています。一般質問がどうしても行わなければならないものであるなら、その効果を最大化する以外に方法はありません。しかし、そうでないなら、「一般質問とは別の形で行政監視機能や政策提案機能を発揮すべき」と考える議会があってもいいことになります。

少し脇道にそれますが、昭和30（１９５５）年に改正されるまで、国会法には「自由討議」という制度がありました。これは、議員同士の討議や国政に関する意見表明などを想定した制度でした。

◉国会法（制定時）

第78条　各議院は、国政に関し議員に自由討議の機会を与えるため、少なくとも、二週間に一回その会議を開くことを要する。

２・３（略）

当時、国は、この自由討議を自治体議会でも普及させようと考えました。その狙いとして、「一般議案審議の際における無用な関連質問を減らさせ、議事能率を上げさせる」ことと「議員の真価を選挙人に周知させる」ことの2つがありました。簡単にいえば、「議員の顔を立てつつ審議の促進を図る」ということができるでしょう。ところが、この国会における自由討議は、やり方の自由さが失われ、会派代表質問（会派で行う一般質問に近いもの）のようなものとなり、やがて、それも行われなくなります。だんだんと自由に審議できる予算委員会に注目が集まり、自由討議の必要性は失われたのです。昭和30（1955）年の国会法改正で自由討議の制度は廃止され、自治体議会においても自由討議の制度はなくなりました。そして、形を変えて自治体議会に残ったのが、一般質問の制度だったのです。昭和31（1956）年制定時の標準都道府県議会会議規則には、一般質問について、現在と同じ条文が見られます。その後、一般質問は、権限が限られていた分権改革前の議会で「議員の顔を立てつつ審議の促進を図る」しくみとして独自の発展を遂げていったのです。

しかし、分権改革後の現在は、議会の役割も権限も大きくなっています。これまで述べてきたように、一般質問は、議会の行政監視機能や政策立案機能を高める方向で改革がなされています。ただ、議会の行政監視機能や政策立案機能を高めるというのなら、委員会中心主義をとる議会（委員会を設置してそこでの審議を議会審議の中心と考える議会）においては、予算委員会や決算委員会での審議の質を高めて、そこでの質疑で執行部の所見を求めたり、議会側の意見を表明するという方法もあるはずです。また、他の委員会で審議を活発化させることも、もちろんできます。本会議場での一般質問が重要であることは理解していても、そればかりに時間をかけすぎるのもどうかと思ってしまいます。一般質問に費やす時間や労力の何割かを委員会での審議充実に振り向けるべきではないか、それこそ、委員会を置いて審議している議会のするべきことなのではないかとも思うのです。議会改革がさらに進めば、「一般質問の廃止」「一般質問の縮小」が語られる日が来るかもしれません。

5 批判を浴びない政務活動費の運用

もともと、地方議員の間には、制約がなく自由に使える活動資金がほしいという根強い願望があり、政務調査費（政務活動費）もそのはずではないかという「誤解」があるように見える。だからこそ、「号泣県議」のような不明朗な使途が後を絶たないともいえる。

――大森彌「政務活動費と議員報酬――『千代田区特別職報酬等審議会』の答申」議員NAVIプラス

❖政務活動費の源流をたどる

政務活動費は、地方自治法と条例を根拠に交付されるお金です。平成26年7月、日帰り出張を繰り返したように見せかけて政務活動費を着服した〝号泣県議〟の記者会見は、日本国中にかなりのインパクトを与えました。本人のキャラクターが強烈だったこともあり、政務活動費は、ダークなお金として、その名が全国的に知れ渡ることになりました。

「元県議に罪はあっても、政務活動費には罪はありません」といいたいところですが、政務活動費の成り立ちを振り返るとき、必ずしもそうとばかりはいえません。政務活動費はある意味、不幸を背負って生まれた制度といえるからです。

政務活動費の源流をたどると、会派への補助金とされた「会派交付金」に行き当たります。戦後、自治体議員には、報酬と費用弁償が認められるのみでした。そのため、自治体によっては、調査研究を名目にしたお金が議員に交付されていました。ところが、昭和31（１９５６）年に地方自治法が改正され、「普通地方公共団体は、いかなる給与その他の給付も法律又はこれに基づく条例に基づかずには（中略）支給することができない」（２０４条の２）との条文が新設されました。これにより、予算措置での交付であっても、独自条例を根拠にしたものであっても、議員への調査研究を名目にした交付金を支給することはできなくなりました。これに代わって行われたのが、会派への調査研究に充てるための交付金でした。この会派交付金は、地方自治法２３２条の２の補助金としての性格をもっていました。

⦿地方自治法
（寄附又は補助）

第232条の2　普通地方公共団体は、その公益上必要がある場合においては、寄附又は補助をすることができる。

ただ、首長の自由になる補助金では二元代表制を損ねることになりますし、会派交付金がどのように使われたのかは十分に検証できないという問題もあります。そのため、各全国議長会は、調査研究に関する交付金の法律上の根拠を求めるようになります。こうして平成12年の地方自治法改正で生まれたのが、「政務調査費」だったのです。政務調査費は、さらに平成24年の改正で「政務活動費」へと改められます。使途が「議会の議員の調査研究その他の活動に資するため」のものとなり、充てることができる経費の範囲は条例で定められることとなりました。

このような経緯から、議員の意識と政務活動費の現在の性格との間にはズレがあり、それがトラブルを生じさせる原因となってるように思えます。冒頭で語られているように、議会側は、これまでの会派交付金としての記憶が忘れられません。できるだけ自由に、しかも目いっぱい使いたいと考えています。こうしたことを法制度として忖度《そんたく》したために、支出に誰が責任を持つお金なのかがわかりにくい制度となっているのです。その制度の弱点を、それぞれの議会が条例などで補うことが想定されているのですが、多くの議会が思考停止のまま、現在を迎えています。このままでは、政務活動費をめぐるトラブルは今後も間違いなく続くでしょうし、そのたびに、議会と住民の距離は離れていくことでしょう。この〝不幸の連鎖〟を止めるための方法を考えなくてはなりません。

❖政務活動費の性格

政務活動費の性格は、現在も「補助金」と考えられています。ただ、会派交付金→政務調査費→政務活動費と変化するにつれて、首長がコントロールできる補助金としての性格が薄められ、議会が自らコントロールできる交付金としての性格が強くなっています。たとえば、政務調査費の時代には、飯田市などの稀な例を除いて、使途基準は首長が決める「規則」で定められていました。補助金としての性格から、それも当然のことと考えられていたのです。ところが、政務活動費では、「当該政務活動費の交付の対象、額及び交付の方法並びに当該政務活動費を充てることができる経費の範囲は、条例で定めなければならない」（地方自治法１００条14項後段）とあります。どのような対象にどのように支給するかも、条例で定めることとなっているのです。条例というのは、その自治体の意思を形にしたものですが、議会に関係することであれば、その主導権は議会にあります。「議会が自らコントロールできる交付金としての性格が強くなった」というのは、こうしたことを指していったのです。自治体議会のなかには、これまで規則で定められていた使途基準を、十分な議論もせずに「条例化」したところがあります。

政務調査費から政務活動費への質的な変化の理解ができていないというほかありません。こうした議会では、議長が「その使途の透明性の確保に努めるものとする」（同条16項）とした意味も、理解できていないことでしょう。政務活動費には補助金としての性格があるものの、その「もらい方」や「使い方」についての責任は、議会にあるといってもいいのです。

❖政務活動費について議会がするべきこと

(1)　自分たちで運用基準を議論し判断する

では、政務活動費について、議会はどんな責任を果たすべきなのでしょうか。

最初にしなければならないのが、運用基準の厳格化などです。条例を受けて、議会は、細かい手続などを定める「規程」や具体的にどのような運用を行うかについての「手引き」などを定めるはずです。都道府県以外の自治体では、議会が定める「規程」に代えて、首長の「規則」に任せていますが、これは、政務活動費の趣旨から望ましくありません。また、「手引き」などを「近隣自治体をモデルに作ってみてよ」と事務局任せにする議会もありますが、もってのほかです。議会は政務活動費の使途に疑いを持たれないよう、また、最大限、議会の権限を発揮できるよう、政務活動費をどう使うのか議論をしなければなりません。さらにいえば、「手引き」などを作る際に、判例を見ながら、ガソリン代はどの程度の按分まで政務活動費として認められた例があるか、飲食費はいくらまで認められた判例があるかなどと研究して運用基準を作りはじめるのも、やめましょう。そうした「最大限使い切ろう」という発想が、トラブルにつながるのです。使途は、それぞれの議会が自分たちで決めるべきです。按分しなければならないような費目があるときも、まずは、住民に説明できる按分を自分たちで考えるべきです。判例を参考にするのは、そのあとで十分です。

⑵　後払いにする

会派交付金だった頃の記憶があるからかもしれません。多くの議会では、政務活動費は、一定の期間ごとに先払いされたのち精算される方法がとられています。こうした方法では、「一度支払われたものは使い切らないともったいない」という欲望に突き動かされがちです。ですから、政務活動費は後払いであるべきです。後払い方式の議会は、少しずつ増えています。京丹《きょうたん》後《ご》市のように、条例でそれをはっきりさせるのがいいでしょう。

⑶　第三者機関に額の諮問や使途のチェックを行わせる

政務活動費の額は、条例で定められます。議会が自分たちで額を決めることになりますが、これはシステムとして仕方がないことです。ただ、住民からは「お手盛り」との批判を受けることになります。こうしたこともあり、政務調査費制度の導入時、当時の自治省は、「政務調査費の額を定めるにあたっては、例えば、特別職報酬等審議会等の第三者機関の意見をあらかじめ聞くなど、住民の批判を招くことがないよう配慮すること」と通知しています。ただ、執行部側と議会との対立が深まると、議会がその答申を無視することも考えられます。政務活動費は議会がその制度設計を任されたものであることを考えると、額を諮問する第三者機関は、議会に置くべきといえるかもしれません。

また、現在でも、議会に政務活動費の使途などをチェックする第三者機関を置く議会がありますが、これを一般化すべきです。議会が都合の悪い報告書を握りつぶしてしまうことも考えられますから、議長への報告と同時に公表の義務づけも行うといいでしょう。

(4)　使途の透明性の確保の措置

地方自治法が定める議長の「使途の透明性の確保」のための措置も重要です。住民に不信を持たれないよう、最大限の透明性の確保に努めなければなりません。収支報告書への掲載は当然のことですが、領収書などを議会のホームページに掲載することを渋る議会もあるようです。しかし、これも掲載が当たり前と考えるべきでしょう。手間はかかりますが、「やましい点」がないなら、掲載にそれほどの問題はないはずです。事件が起きてからやっと掲載する議会もありますが、その前にすべてをオープンにして事件の予防に努めなければなりません。また、議会事務局も、政務活動費の使い方に疑念がある場合には、遠慮なく議員に指摘しましょう。「使途の透明性の確保にあたっては議長に努力義務を課し、これによって、実務的には議長の命を受け職務の遂行にあたる議会事務局長の判断と責任がかつてなく増した」（勢籏了三『地方議会の政務活動費』２０１５年　39頁）といえるのですから、躊躇《ちゅうちょ》することはありません。

❖政務活動費への姿勢

いろいろと注意すべき点をお話ししましたが、「厳しすぎて守れそうにない」という議会もあるかもしれません。それなら、すっぱりと政務活動費の制度を廃止しましょう。問題が起きると議会も住民も不幸になるのですから、その前にやめることが賢明です。政務活動費がないと議員としての職責が果たせない――そうした声を聞くこともありますが、政務活動費は〝第二の報酬〟ではありません。議員報酬だけでは職責が果たせないというのなら、堂々と議員報酬の増額を議論すべきものと考えます。

6 会派制は本当に必要か

もともと会派の定義があるわけではありません。私は会派を「幽霊」と言っています。選挙の時に会派を名乗る人は少ないのに、最初の臨時議会で会派が結成される。突然出てくるという意味での「幽霊」。もう1つは、表だって議論をしないまま、テーブルの下で話が進められる閉鎖的な議会の中で運営をしやすくするための会派だった。では、無くても良いかというと、そういうわけでもないのです。会派は、民主主義にとっては道具なのです。人数が多い議会であれば政策集団化するのは当然で、しなければバラバラです。また、委員会ごとに議論を深めていかなければならない時に、まず会派内で議論をし、何度か委員会と会派を往復することは大事です。「幽霊」なのだが、民主主義にとっては大事な要素があって、そこをどのように機能させるか。一方で会派が必要となる背景もあれば、他方で選挙制度は会派選挙になっていないから、揺れるのです。
――「議会改革　現場からの提言13（座談会）―会派　弊害抑え活用するには―」日経グローカル　NO229　49頁　山梨学院大学江藤俊昭教授発言

２０１６年の3月末、山梨県議会で「珍事」が起こりました。当初予算を議会が承認できないまま「流会」となり、知事の専決処分が行われたのです。専決処分というのは、議会が議決すべき事項を議決できないときなどに、首長が代わって行う処分のことです。当初予算の承認は、議会の最重要事項のはずです。それさえ行えなかった背景には、どんなことがあったのでしょうか。新聞は、「自民系の2会派の対立に伴って議長の不信任動議が可決され、審議が空転。本会議を再開できないまま流会した。総額約４６６２億円の２０１６年度一般会計当初予算案など51議案がすべて廃案になった」（朝日新聞２０１６年3月24日）と伝えています。

議会内の役職を押さえることができるかどうかは、議会運営で主導権をとれるかどうかに関係します。どこの議会にも、多かれ少なかれ人事抗争はあるでしょう。ただ、それが住民の生活に優先するものとなると、首をひねらざるを得ません。この事件、自治体議会における会派の意味を改めて考えさせるものとなりました。

✣会派の歴史

会派というのは、同じ考えや理念を持つ議員同士の議会内の集まりのことです。会派の歴史は意外に古く、衆議院においては、明治期には議事運営の円滑化を図るために各派協議会が置かれていたようです。各派協議会は、各派交渉会となり、現在の議院運営委員会へと引き継がれていきます。考えてみれば、議会より先に政党が生まれ、国会開設を求めていった歴史があるわけですから、衆議院に会派が存在することは自然なことかもしれません。一方、政党とは距離を置く戦前期の貴族院においても、政策研究を目的とする「研究会」という議員の集まりがあり、時には会派として活動することもあったようです。

資料が少ないのですが、戦前の地方議会においても会派は存在し、中央政党の影響を受けながら、人事や政策の実現などに一定の役割を果たしていたようです。市長村長が市町村会（現在の市町村議会）での選挙をもとにして選ばれていたことなどを考えると、自治体議会の与党・野党意識も、案外、このあたりに源流があるのかもしれません。

✣会派制のメリット

このように歴史のある会派ですが、会派という言葉は、法律上は、ほとんど出てきません。国会における会派は、「国会法」「日本国憲法の改正手続に関する法律」「国会における各会派に対する立法事務費の交付に関する法律」の3つの法律で規定されていますが、前2つの法律では、委員の割り当てを会派の所属議員数をもとに行うことなどを定めただけのものです。「国会における各会派に対する立法事務費の交付に関する法律」では、会派に立法事務費を支給することを定めていますが、肝腎の会派についての定義はなされていません。

自治体議会における会派も、法律上は、政務活動費の支給対象として登場するだけです。地方自治法100条14項には「会派又は議員に対し、政務活動費を交付することができる」とあります。

ある意味、事実上の存在ともいえる会派を正面から位置づけたのが、議会基本条例です。それぞれの議会基本条例からは、会派に期待する役割が見えてきますが、三重県議会基本条例のように、議会内の意見をある程度集約し、それを調整する役割を期待するものが多いようです。議員が全員集まって意見を言い合って集約するよりも、考え方の近い者同士がまず集約し、他の会派と調整した方が、効果的に意見の集約ができるということがいえます。

◉三重県議会基本条例

（会派）

第5条　議員は、議会活動を行うため、会派を結成することができる。

2　会派は、政策立案、政策決定、政策提言等に関し、会派間で調整を行い、合意形成に努めるものとする。
3　会派は、議員が前条に規定する責務を果たすために行う活動を支援するものとする。

会派には、政策立案の「ゆりかご」としての役割も期待されています。政務活動費の支給対象になっているのも、そのためです。さらに、会派の機能として、議員の学習・教育の場となることが指摘されています。以前に比べれば「面倒見が悪くなった」といわれますが、一般質問の方法や政務活動費の使い方など、議会事務局が型通りにしか教えてくれないことを、先輩議員が実務に沿って伝えてくれたりします。こうしたことを考えると、インフォーマルな存在ゆえに本音で語り合える世界が広がっているといえるでしょう。

❖会派制のデメリット

メリットがある一方で、会派制にはデメリットもあります。会派は、議会内の人事抗争の火種になるばかりか、民主的な運営を妨げる原因となることもあるのです。たとえば、議員定数が多い議会では「交渉会派（団体）」というものが申合せなどで存在します。交渉会派というのは、議会運営委員会や各派協議会などといった議会運営を決める大切な会議への参加メンバーとなれる会派のことです。ある県議会では、交渉会派を議員定数の10分の１以上の会派としていることから、交渉会派は２つしかありません。交渉会派の数を上回る交渉会派でない会派が存在するのですが、それらの声は、議会運営などに反映されにくいしくみとなってしまっています。

また、そもそも会派に所属していない議員は、予算委員会や決算委員会に所属できない慣例となっている議会もあります。会派に属していない議員を議会運営や審議から遠ざけることは、それらの議員に１票を投じたたくさんの住民の意見をないがしろにすることになります。多様な意見を集約することが求められる議会にとって、それは自殺行為に等しいものです。

会派制自体のデメリットではありませんが、執行部が会派の存在を利用して議会を分断することにも警戒しなくてはなりません。首長に好意的な会派には、手厚い議案説明会を実施したり、予算調製に当たっての会派申入れにリップサービスしてくれたりしますが、それとは反対に、十分な説明を受けない会派や、申入れも形だけで済まされる会派もあるのです。議会が一つにまとまれないことは、執行部にとってたいへん好都合なのです。

メリットと思われることでも、実務上、デメリットに働くこともあります。会派が意見を集約して他の意見の会派と調整する役割があることは前述しましたが、現実の議会では、会派同士の意地の張り合いから、さらに物事がこじれることもしばしばです。また、会派としてのまとまりを優先するあまり、会派内の議論も不十分なまま、会派拘束をかけること（会派所属議員に議案の賛否を強制すること）も見られます。

✣会派の必要性の検討

以上のように、会派制にはメリットとデメリットがあります。しかし、デメリットが民主主義や議会制の根幹にかかわることであることを考えると、必要がないのなら会派制を導入すべきではないでしょう。少なくとも小規模自治体では、会派の必要性を感じません。全国町村議会議長会「町村議会実態調査結果の概要」（平成28年2月）によると、928町村のうち、154の町村で会派制をとっているとのことですが、町村議員数の平均が12・2人であることを考えると、なぜ必要なのか理解に苦しみます。

ただ、国会や都道府県・政令市レベルの議会では、事情が異なります。議員全員がその場に集まって意見を集約することは、実務的に難しいに違いありません。冒頭で、江藤教授は「会派は、民主主義にとっては道具」と述べていますが、大所帯の議会では、会派制の導入を前提として、できるだけそのデメリットを克服するよう運用するしかありません。次に示す岩手県議会の姿勢は、そうした方向性を示したものといえるでしょう。

◉岩手県議会基本条例

（会派）

第14条　（略）

2　会派は、合議体としての議会が第2条第1項の役割を十分に果たすことができるよう、政策等に関して会派内及び他の会派との間における調整を行い、議会の意思決定に向けて方向性を見出すよう努めるほか、議会運営に関して、議会運営委員会の場等を通じて会派間における調整を行うものとする。

3　前2項の規定は、会派に所属しない議員の活動を制限するものとして解釈してはならず、かつ、議会は、会派に所属しない議員の意見が議会運営に反映されるよう配慮しなければならない。

難しいのが、議員数20名から30名の市議会です。議会で、会派制のメリット、デメリットを考えて判断すべきですが、その際、よく検討してほしいのが、「メリットとされることが本当に会派制を導入しないと実現しないのか」ということです。「意見集約や議会の役員などの配分は、会派を通さなくても可能ではないか」「会派の教育機能は、もう少し議会事務局が親切に説明してくれたり、初当選議員研修などを実施したりすればカバーできるのではないか」といった検討がなされるべきでしょう。

近年、鳥羽市議会（議員数14名）や新城市議会（議員数17名）のように、会派制を廃止する議会も出てきています。会派がないと、各議員の委員会所属の決定にも困りそうに思えますが、両市とも、それぞれの議員が希望を出し、全議員で話し合って所属を決めています。少し時間はかかるかもしれませんが、こうした合意形成の経験を積むことは、議会として重要なことです。

❖会派と選挙制度

住民との関係で会派制を考えるときには、選挙との関係も気になります。江藤教授は「選挙制度は会派選挙になっていない」と指摘しています。なるほど、政党とは異なり、会派は当選後の議会で現れるものです。国のように、政党がそのまま会派に移行する場合には、マニフェストを掲げて選挙を行うことができるでしょうが、会派が当然後の議会に生じるものであることを考えると、会派（この場合には、予定される会派ということになりますが）として、マニフェストを掲げて選挙を戦うことは困難です。さらに、会派がマニフェストを掲げても、自治体の区域全体が1つの選挙区となる大選挙区では、会派マニフェストも力を発揮しにくいという事情があります。結局は、1人の議員を選ぶ選挙となるからです。

「会派が必要かどうか」という問いは、一見シンプルなようですが、なかなか難しい問題でもあります。少なくとも「市になったので会派制を導入しようか」とか「隣の町も会派制をとっているのでわが町も導入しようか」などという単純な理由で導入してほしくはありません。

7 選択肢として認められた通年の会期

例えば、諸外国の地方議会においては、毎週定期的に会議を開催するなどの運営も行われている。このような議会運営は、多様な人材が議会の議員として活動することを容易なものとするほか、住民にとっても傍聴の機会が拡大するなど、住民に身近な議会の実現に資するものと考えられる。我が国においても、特に、基礎自治体の議会においては、このような柔軟な議会運営を可能とする要請は高いものと考えられる。

今後一層住民に身近な議会を実現し、柔軟な議会運営を可能とする観点から、長期間の会期を設定してその中で必要に応じて会議を開く方式を採用することや、現行制度との関係や議会に関する他の諸規定との整合性に留意しつつ会期制を前提としない方式を可能とすることなど、より弾力的な議会の開催のあり方を促進するよう必要な措置を講じていくべきである。
――第29次地方制度調査会「今後の基礎自治体及び監査・議会制度のあり方に関する答申」（２００９・６・16）29・30頁

❖会期とは

会期とは、議会が活動できる期間のことをいいます。議会は１年中活動しているわけではなく、活動できる期間が限られています。これを「会期」といいます。会期は、国会にも自治体議会にもあります。自治体議会についていえば、平成24年に「通年の会期」が導入されるまで、会期は「定例会」と「臨時会」の２種類でした。

定例会は、その名のとおり定期的に招集される会議です。どんなことでも審議できるオールラウンドの会議です。ほとんどの自治体議会が、定例会は年４回としています。一方、臨時会は、特定の案件について審議するための会議です。臨時会の場合には「付議事件の告示」といって、臨時会でどんなことを審議するのかがあらかじめ示されます。審議は、原則としてあらかじめ示された事項だけに限られます。

全国市議会議長会の資料によると、平成26年度の定例会と臨時会を合わせた平均会期日数は、

87・1日だそうです。「1年を20日で暮らすよい男」――年2場所しかなかった江戸時代の力士を昔の人はそう羨《うらや》んだとのことですが、自治体議員を「1年を100日で暮らすよい人たち」という人もあるかもしれません。しかし、力士が本場所で力を出すためには普段の稽古が欠かせないように、議員の仕事も普段からの活動が欠かせません。そのうえで、87・1日という濃密な会期を送っているといった方がいいかもしれません。

❖会期制の理由

会期が定められた理由については、いろいろな説明がなされています。議会に付議されるような案件は1年中あるわけではなく、必要な時期に活動していれば差し支えないというのも、そのひとつです。しかし、現代の自治体議会では、行政に対する監視機能も高まり、必要な立法も求められています。こうした理由から会期を説明するのは、時代遅れです。

他に職業を持った者が議員になれるようにする配慮のひとつだといわれることもあります。ただ、議会の役割が重くなって、会期が長くなると、なかなかそうともいえません。

さらに、会期制度を導入している理由として挙げられるのが「行政側の負担を減らすため」というものです。議会は行政への監視機能を有しているわけですから、会期中は執行部にとって拘束感があります。事実、様々な議会対応をしなければならないわけですから、会期を限ってほしいというのは、うなずけます。

❖「通年の会期」の導入

議会運営の根幹ともいえる会期制度ですが、数年前、その改革の必要性を突きつける事件が起こりました。阿久根《あくね》市での事件です。議会の招集権は、地方自治法上、首長にあります。それをいいことにして、阿久根市においては、平成22年の一時期、市長が議会を招集しようとしなかったのです。しかも、議会の権限となっている事柄を専決処分として処理するなど、二元代表制が機能しない状態となっていました。地方自治法はその後、改正され、臨時会の招集の請求があったのにかかわらず首長が20日以内に招集しないときには、議長が臨時会を招集することができるようになりました。ただ、議会には、首長に招集権を握られている状況への危機感が広がりました。

一方、地方制度調査会では、冒頭にあるような議論がなされていました。こうしたなかで生まれたのが、「通年の会期」というしくみです。平成24年の地方自治法改正で導入されました。通年の会期では、「条例で定める日から翌年の当該日の前日まで」を会期とします。つまり、1年間を会期とするのです。

◉地方自治法

第102条の2　普通地方公共団体の議会は、前条の規定にかかわらず、条例で定めるところにより、定例会及び臨時会とせず、毎年、条例で定める日から翌年の当該日の前日までを会期とすることができる。

2　前項の議会は、第4項の規定により招集しなければならないものとされる場合を除き、前項の条例で定める日の到来をもつて、普通地方公共団体の長が当該日にこれを招集したものとみなす。

3〜5　（略）

6　第1項の議会は、条例で、定期的に会議を開く日（中略）を定めなければならない。

7・8　（略）

実は、地方自治法で通年の会期制度が導入される前から、実質的に1年間を会期とする通年議会（以下、単に「通年議会」といいます）の工夫が、北海道福島町や三重県四日市市などいくつかの自治体議会で導入されていました。普通、定例会は年4回ですが、法律上、定例会の回数は条例で定めることができます。これらの議会では、条例で定例会の回数を年1回とし、その会期を1年間としたのです。法改正を待たないで、自らの工夫で通年議会を実施したのには、頭が下がります。ただ、定例会の場合には、やはり首長の招集行為が必要です。その点、通年の会期の場合には、選挙後初めての議会だけは首長が招集しなければなりませんが、その後は、条例で定める日が来れば「招集した」ものとみなされます（地方自治法１００条の2第2項・4項）。つまり、首長による招集という行為は、とりたてて必要ないのです。

❖通年議会・通年の会期を阻むもの

法改正から間もないこともあり、通年議会や通年の会期を選択する議会の数は、まだそれほど多くありません。全国市議会議長会の調査によると、平成26年に通年議会の市議会は15、通年会期の市議会は6にとどまります。執行部側が負担増をおそれて同意してくれないということもあるでしょうが、議会側からも導入への不安が聞こえてきます。たとえば、審議の効率を図るため、議会には一度議決した事項を同じ会期中には蒸し返して議論しないというルールがあります。これを「一事不再議の原則」といいますが、会期が1年間となった場合、このルールにどういう影響を及ぼすかが気になっているようです。ただ、ルールが生まれた趣旨を考えれば、解決の道筋も見えてきます。一事不再議の原則でいえば、長くなったとはいえ、会期は依然としてあるわけですから、基本的にはこれまでどおりと考えてもいいでしょう。ただ、会期中に事情が変わった場合には、これまでも一事不再議の原則は及ばないとされていました。会期が長くなったことで影響を及ぼす部分があるとすれば、その分、事情が変わったとされる場合が多くなる可能性があるということになります。

また、発言の取消しや訂正は、会議規則で「会期中に限り行うことができる」と規定していることでしょう。この趣旨を「あまり時間をあけずに訂正などする」ことと理解すると、1年の会期中ずっと訂正などが可能とするのは、ふさわしくないでしょう。もし、そうした議論があるなら、「発言した日から○日以内に限り」発言の訂正などができると改めればいいのです。

1年を通じての会期となると、本会議などに出席した際の費用弁償が増えるとか、執行部の議会出席が多くなり行政が滞るなどという反対意見も、議会で出るかもしれません。ただ、議会改革がさらに進めば、そうした心配はいらなくなるはずです。本会議などの出席に当たっての費用弁償は、議論が進めば減額や廃止の方向に進むでしょうし、議員どうしの討議が重視されれば、執行部の議会出席もそれほど増えるとは思えません。いずれ、新たに通年の会期を導入した議会での経験が伝わるでしょうから、通年の会期に対する不安も取り除かれるに違いありません。

❖多様な人材の確保

さて、冒頭の地方制度調査会の答申です。「多様な人材が議会の議員として活動することを容易なものとする」ことは、通年の会期が導入されても、難しいかもしれません。多様な住民が議員に立候補するためには、まだまだ壁も多いと感じます。公職に立候補すると失職するとする公務員制度も改めるべきだと思いますし、公務員、民間企業ともに公職に就く間の休職制度の整備も必要です。また、生活を保障するだけの議員報酬が確保されていない自治体議会もあります。現職の議員からすれば、ライバルを増やすことになるかもしれませんが、次世代へ議会のバトンを渡すために、こうした制度改革にも関心を高めてもらいたいものです。

8　わかりにくい条例に新旧対照表の活用を

新旧対照表方式による条例案の改正手続は、何をどう変えるかを前後の条文などとの関係も含めて明らかにするもので、市民の立場にたった理解しやすい条例の制定に向け、望ましい姿であるといえる。

――出石稔「徹底比較！自治立法の動向を探る（第4回）やさしい条例づくり(2)」月刊ガバナンス２００６年８月号１２０頁

❖条例がわかりにくい

「時代遅れ」――自治体議会はそういわれることが多いのですが、条例の用語や形式に関しても、同じような批判があります。さらに、何が書かれているのかわかりにくい。どうして、法律用語ではなく日常用語を使って表現できないのだろう――こうした疑問を持っている住民も多いことでしょう。

ただ、法令には日常用語とは異なった用語を使うことの必要性もあります。たとえば、条例ではよく「特定○○」という用語を使います。「特定疾患」とか「特定公共賃貸住宅」などがその例です。この「特定」という言葉には、「ある一部の」というような意味があります。その条例が対象とする疾患という意味で「特定疾患」が使われる場合、すべての疾患ではなく一部の疾患というような意味であり、それ以上の意味はありません。これを「特別疾患」や「特殊疾患」というと、重い疾患や一般的な疾患ではない非常に珍しい疾患というような意味にとられてしまいます。そこで「特定」を使ったのです。この場合には、「あるイメージを描かせない」ということが用語選択の理由なのですが、印象に残らないという意味では「わかりにくい」と感じるかもしれません。

また、罰則付きで義務を課す条文などの場合には、どうしても厳密に条文を書かなければなりません。特に、「誰が」、「何をしなければならないのか」ということをはっきりさせなければならないのです。それが、ときには「まわりくどい表現」となります。たとえば、「運転中には免許証を持たなければならない」を法文で表現すると、次のようになります。

⊙道路交通法

（免許証の携帯及び提示義務）

第95条　免許を受けた者は、自動車等を運転するときは、当該自動車等に係る免許証を携帯していなければならない。

2　（略）

こうしたことから、法令の条文は、なかなか簡単になりません。ただ、法令は、住民（国民）に向けられたものです。少しでも理解しやすいもの、親しみやすいものとする努力は、議会としてしなければなりません。そんな思いからか、次の久慈《くじ》市議会基本条例のように、方言を使って表現したものもあります。住民の権利や義務に関わる部分では難しいですが、「前文」という条例本体の前に置かれる「条例を定めた趣旨」の部分については、ある程度、自由に書けます。

⊙久慈市議会基本条例（前文）

おら達《だち》の住む久慈市は、碧い海と緑豊かな大地に囲《かご》まれだ自然いっぺぇの郷土であり、このごどをおら達《だち》は誇りに思っている。久慈市民（以下「市民」という。）がら直接選ばれだ議員どうで構成する久慈市議会（中略）は、おんなじように市民から直接選ばれだ久慈市長（中略）どともに、久慈市を代表する機関である。（後略）

❖新旧対照表方式の導入

法律や政令については、内閣法制局の審査を経るため、その形式が厳しく定められています。議員提出法案であっても、その影響を受けています。ひとつ例をあげると、国の法令は「縦書き」です。縦書きとする明文上のルールがあるわけではありません。しかし、「日本語というものは昔から縦書きが基本である」という理由で縦書きなのです。自治体の法令では「横書き」が普通ですから、自治体の法令の形式は、国の法令に比べて少し自由度が高いといえるでしょう。こうしたことから、法令の書き方の改善は、自治体が先行する傾向にあります。一部改正法令の新旧対照表方式の導入も、そうした例のひとつです。法令がどのように改正されたか、改正前と改正後の条文を表にしたものが、新旧対照表です。一部の自治体では、この新旧対照表を正式な議案としています。

新しく法令を制定する場合はともかく、一部改正法令の内容は、たいへんわかりにくいものです。それは「第○条中『××』を『○○』に改める」と表現されるからです。このように、改めようとする部分だけを引用して改正する方式を「改め文（かいめぶん・あらためぶん）方式」

といいます。内閣法制局が長年培ってきた方式ですが、こうした方式では、起案に「熟練の技」と手間が必要となります。そのため、自治体議会では、改め文方式は議員提案条例の障害となっているとの声も聞きます。

こうしたことがあり、鳥取県をはじめとして条例の正式な改正案などに新旧対照表方式を取り入れる自治体が増えてきました。新旧対照表方式が導入されれば、事務方の作業が効率化するばかりでなく、改正案や修正案に対する議員の心理的なハードルも低くなります。何より、冒頭にあるように、住民に法令の内容がわかりやすくなるというメリットがあります。

良いことずくめの新旧対照表方式ですが、注意しなければならないこともあります。それぞれの自治体でマニュアルを作らなければなりませんが、その際に、あまり詳細にルールを作らないよう気をつけなければならないということです。法令の改正には、追加や削除などいろいろな場合がありますし、改正された場所のどの部分までラインを引くかについても、いろいろな方法があります。精緻にルール化すると、マニュアルは思った以上の分量となります。表には、改正後の条文が掲載されているのですから、あまり精緻にルール化する必要もありません。やりすぎると、新旧対照表方式を導入する趣旨を踏み外すことになります。

❖住民に改正内容を伝えるという視点

こうしたことを踏まえると、新旧対照表を参考資料にとどめておくという選択もあります。改め文方式の条文もあったうえでの参考資料なら、多少アバウトでも許されるに違いありません。さらに、住民に改正の内容を伝えるという視点からは、この資料を議会のホームページなどに掲載し、住民にも閲覧できるようにしておくことが大切です。最近になってようやく、インターネット上で議案を見ることができる議会が増えましたが、参考資料として作られる新旧対照表がホームページで公開されている議会は、まだそれほど多くありません。

実は、この点については国の方が進んでいます。各省庁のホームページには、国会提出法案についての資料が掲載されています。法案、法案要綱（法案の内容を要約したもの）、概要（法案のポイントを簡単に説明したペーパー）、提案理由、新旧対照表、参照条文（関連して見ておきたい条文集）を見ることができます。これは議員に配布される資料集と同じ内容のもので、国民が法案の内容を知るにはたいへんよい資料です。自治体の議員のなかには、住民が議員と同じ資料を手にすることに強い抵抗感を示す人がいます。しかし、こうした意味のない特権意識に耳を貸す必要はないでしょう。条例案についての資料は、首長提案条例の場合には、自治体内で作成されることも多いはずです。そうした資料を議会がもらってホームページなどに掲載すれば、手間もかからず、条例案の内容を知りたい住民の役にも立つと思うのです。

条例が国の法令の形式に従わなければならないという思い込みも、議員には住民以上の審議資料を渡さなければならないという幻想も、もはや時代遅れなのです。

終わりに――これからの議会にできること

お互いのことがわからない――議会と住民とのズレには、そんな原因もあるのかもしれません。自治体議会の議員は住民に近い存在です。会派や議員の立場に固執せず、住民のひとりとして考えてみれば、違った解決策も見えてくるはずです。

また、議会が十分にその役割を果たしていないことは、議員だけの責任ではありません。「議会なんてなくてもいい」とか「議員なんて税金泥棒だ」などという言葉を住民の口から聞くことがあります。しかし、住民はお客様ではありませんし、批評家でもありません。議会に関心を持って、必要なことは議会や議員に伝えていかなければなりません。議員の支持者でもなく議会の批判者でもない住民の意思が反映しないと、議会は変わっていかないでしょう。その意味で、他人事のような批判はやめましょう。

自治体議会においては、議員の自覚や議会運営の改善だけでは解決できない問題も、確かにあります。議会をめぐる法制度、選挙制度、それから、議会に人材を輩出するしくみについても、改善する必要があるかもしれません。ただ、抜本的改革を掲げる主張をすぐに信用してはいけません。問題が起こるたびに制度の大改革を行うべきだとする議論が沸き起こりますが、現在ある問題を解決できないで、どうして抜本改革ができるでしょうか。愚直であっても、ズレを見極めて、ひとつひとつ解決していくしかないのです。

吉田　利宏（よしだ・としひろ）
1963年神戸市生まれ。早稲田大学法学部卒業後、衆議院法制局入局。以後15年にわたり法律案や修正案の作成に参画。その間、衆議院事務局へ出向し委員会運営を学ぶ。現在、著述業の傍ら、議会アドバイザー、自治体研修講師、各種審議会委員などを務める。
主な著書に、「元法制局キャリアが教える　法律を読む技術・学ぶ技術　第3版」（ダイヤモンド社）、「つかむ・つかえる行政法」（法律文化社）、「新・法令用語の常識」（日本評論社）などがある。「議会コンシェルジュ」（議員NAVIプラス）、「最新・政策条例の勘どころ」（地方自治職員研修）を連載。議会事務局実務研究会呼びかけ人。

地方議会のズレの構造

2016年7月22日　第1刷発行

著　者　吉　田　利　宏
発行者　株式会社　三　省　堂
代表者　北口克彦
印刷者　三省堂印刷株式会社
発行所　株式会社　三　省　堂
〒101-8371　東京都千代田区三崎町二丁目22番14号
電話　編集　(03) 3230-9411
営業　(03) 3230-9412
振替口座　00160-5-54300
http://www.sanseido.co.jp/

< 地方議会のズレの構造・208pp.>

ISBN978-4-385-36154-3